# Lettres urgentes

au vingt et unième siècle

Les Éditions du Vermillon reconnaissent l'aide financière
du Conseil des Arts du Canada, du Conseil des arts de l'Ontario, de la Ville
d'Ottawa, et du gouvernement du Canada (Programme d'aide au développement
de l'industrie de l'édition, PADIÉ, du ministère du Patrimoine canadien) pour
leurs activités d'édition.

 Patrimoine canadien    Canadian Heritage

Catalogage avant publication de la Bibliothèque nationale du Canada
Granier-Barkun, Yvette
Lettres urgentes au vingt et unième siècle / Yvette Granier-Barkun.
(Collection Visages)
Comprend des références bibliographiques.
ISBN 1-894547-45-4
1. Histoire sociale--21e siècle. 2. Mondialisation. 3. Changement social.
4. Technologie et civilisation. 5. Morale sociale. I. Titre. II. Collection.
HN17.5.G72 2003                    306'.09'05                    C2002-904561-4

Sur la couverture
**Georgette Kambani**
*Jonathan Livingston le goéland, triptyque* (troisième tableau)
GLORIFICATION
gouache sur papier
42,5 cm x 35 cm
1976

Les Éditions du Vermillon
305, rue Saint-Patrick
Ottawa (Ontario) K1N 5K4
Téléphone : (613) 241-4032 Télécopieur : (613) 241-3109
Courriel : editver@ca.inter.net

Diffuseur
Prologue
1650, avenue Lionel-Bertrand
Boisbriand (Québec) J7H 1N7
Téléphone : (1-800) 363-2864 (450) 434-0306
Télécopieur : (1-800) 361-8088 (450) 434-2627

ISBN 1-894547-45-4
COPYRIGHT © Les Éditions du Vermillon, 2003
Dépôt légal, deuxième trimestre de 2003
Bibliothèque nationale du Canada

Yvette Granier-Barkun

# Lettres urgentes

## au vingt et unième siècle

Collection Visages, n° 16

 Vermillon

L'auteure a choisi de ne pas proposer de références précises, estimant que les questions traitées relevaient de l'information générale que tout lecteur averti trouve quotidiennement dans les médias écrits et électroniques et dans les ouvrages de vulgarisation. L'auteure a pour propos d'inciter le lecteur à la réflexion et à l'engagement de citoyenneté planétaire humanitaire.

*À tous les miens*

# PRÉFACE

Samedi 22 février 2003. Une semaine écoulée depuis les grandes manifestations populaires et citoyennes qui se sont tenues, pacifiquement, dans de nombreux pays et villes du monde entier. «Non à la guerre en Irak», «Oui à la résolution de la tension internationale par des moyens pacifiques», «Oui à la paix!» Il ne s'agissait pas de slogans creux, criés par des spécialistes de la protestation et de l'opposition, ou brandis par des marginaux fichés par les services de police. Dix millions de citoyennes et citoyens, de tous âges, de toutes classes sociales, de toutes races ou religions se sont levés, dans la dignité et la détermination, pour lancer une immense mise en garde aux dirigeants des États-Unis d'Amérique et de Grande-Bretagne, qui ont, froidement, délibérément, décidé d'envahir militairement l'Irak, engageant une guerre *préventive* pour des motifs qui n'ont convaincu qu'une infime parcelle de l'opinion publique.

De Washington à Montréal, de Madrid à Londres, de Rome à Kuala Lumpur, et dans des centaines d'autres villes de tous continents, pour la première fois, une conscience solidaire planétaire s'est manifestée puissamment, au service de l'humain, dans un déferlement de lame de fond.

L'auteure des *Lettres urgentes au vingt et unième siècle* ne peut que se réjouir de ce sursaut car, débat après débat, thème après thème, sa réflexion a pour guide la responsabilité individuelle et collective, le respect de l'autre, dans sa personne comme dans sa culture, l'écoute et la compassion. Notre monde change, hommes et femmes doivent s'adapter constamment, mais jamais au détriment des valeurs humaines fondamentales.

Une des lettres d'Yvette Granier-Barkun a pour destinataire George W. Bush, quand celui-ci était encore gouverneur de l'état du Texas; son propos : la peine de mort. Elle est sans concession pour cet homme de pouvoir qui a montré si peu de sens de la justice, si peu de respect de la dignité humaine. On peut imaginer ce qu'elle aurait à dire aujourd'hui à cet homme du pétrole devenu politicien, au sujet de sa volonté aveugle, de sa doctrine qui, de fait, se résumerait à un expansionnisme belliciste. Et quand on a bien présent à l'esprit le refus des États-Unis d'Amérique de donner leur approbation à la création du Tribunal international des crimes de guerre et de signer le traité sur l'interdiction des mines anti-personnel ou encore leur opposition à autoriser la fabrication et la mise en marché des médicaments génériques, notamment dans des pays en voie de développement atteints de pandémie comme le sida, que penser donc de cette unique superpuissance qui prétend imposer au monde ses lois du marché, sa culture, sa conception de la démocratie et de la liberté, son modèle de société, sa «civilisation»?

Dans la période actuelle de tension grave, de menace et de peur, nous avons tous besoin de réfléchir, de nous tenir au courant, de développer notre esprit critique. Comprendre pour choisir qui nous devons être, et dans quel type de société, et dans quelle humanité. Tel est bien l'objet du livre d'Yvette Granier-Barkun. D'un siècle à l'autre, le passage est difficile, et les ratés sont multiples. Cependant, au delà de son inquiétude et de nos incertitudes, l'auteure tient bon le cap, celui des modèles de culture, de sens politique, de compassion, de générosité éclairée qu'elle décrit et expose dans plusieurs lettres.

Le genre épistolaire choisi s'avère ici particulièrement efficace : informé, documenté sans être savant, il est direct, prend à bras le corps la question abordée, présente des points de

8

vue clairs, toujours fondés. De lecture facile, ces lettres donnent à penser. Leur conviction pousse à la réflexion. En cela, elles sont une réussite.

Le monde n'est pas divisé en deux camps, celui des bons, celui des méchants. Au cœur même de l'être humain s'opposent des forces antagonistes où le mal l'emporte souvent sur le bien. Parler d'axe du mal n'est qu'une supercherie, une vue de l'esprit caricaturale. Cependant, la culpabilité s'étend aussi à la collectivité. Yvette Granier-Barkun le montre de façon convaincante.

Surtout, ne pas céder aux orgueilleuses et dangereuses illusions des faux messianismes, qu'il s'agisse de celui du prédicant George W. Bush, conforté par son jusqu'au-boutiste second Tony Blair, osant trompetter la morale, ou de celui de l'invisible Ossama ben Laden, les uns comme l'autre parlant évidemment au nom de Dieu. Là encore, perverse caricature, car ce prétendu dieu de pouvoir et d'asservissement n'est pas celui que je connais, le Dieu d'Abraham, de Mahomet et de Jésus, le Dieu des cœurs purs qui a inspiré François d'Assise, Gandhi, Martin Luther King, Mère Térésa et Mandela, et toutes ces femmes et tous ces hommes qui, dans leur humble quotidienneté, donnent un sens à une humanité en dérive. D'autres lettres, plus que jamais urgentes, sont à écrire et à adresser immédiatement par milliers, par millions, par milliards à tous les potentats qui, aujourd'hui encore, et souvent au nom de la prétendue liberté et de la libération des peuples, font le malheur des humains.

Jacques Flamand

# AVANT-PROPOS

Évincée depuis longtemps déjà par le téléphone, la lettre cède désormais de plus en plus le pas au courrier électronique. Le style classique d'un courrier composé de mots choisis et bien pensés fait place, dorénavant, à une phraséologie fonctionnelle et automatisée. À une époque où chacun est obsédé par le besoin et le désir d'aller toujours plus vite, et où l'idée se transmet instantanément par l'image et les chiffres, il ne pouvait guère en être autrement. Néanmoins, lorsque la communication réclame la sensibilité pour convaincre et toucher, la lettre recouvre ses titres de noblesse parce que, souvent, elle s'adresse au cœur.

Ainsi, j'ai choisi cette forme d'écrit tantôt pour témoigner d'une mentalité de siècle passé, tantôt pour me pencher sur le désarroi des jeunes ou prôner l'exemple de modèles humanitaires. J'ai pu, également, jeter un regard sur des questions d'ordre social et éthique devenues urgentes en ce début de millénaire, et réfléchir sur de graves événements survenus récemment dans le monde.

Quel que soit le sujet, ces lettres ont été écrites par besoin de témoigner. Elles transcrivent les réflexions, les interrogations, les inquiétudes et les attentes de la personne que je suis aujourd'hui : quelqu'un désireux de se montrer solidaire de son siècle, et d'assumer une citoyenneté planétaire.

11

Le mégamonde qui se construit sous nos yeux apparaît, en effet, comme un monde à concevoir plus ouvert tant dans sa restructuration d'ensemble que dans la vision de multiculturalisme et de solidarité qui s'impose désormais.

À cause des thèmes choisis, certaines de ces lettres sont davantage documentées, d'autres prennent l'allure de débats, d'où leur longueur relative.

À qui sont destinées ces lettres? À des proches, des politiciens, des chefs d'état, des personnes capables de servir de modèles, et surtout à mes concitoyens et concitoyennes, sans oublier les jeunes aussi qui, en dépit de leurs difficultés, sont porteurs d'avenir planétaire.

La nouvelle génération voyagera-t-elle dans l'espace? Saura-t-elle comment la vie a commencé? Pourra-t-elle cloner un dinosaure aussi bien qu'un être humain? Contrôlera-t-elle les climats? Découvrira-t-elle un nouvel univers? Mais auparavant, parviendra-t-elle à établir et maintenir un équilibre de paix entre les humains et leurs différentes sociétés et civilisations?

À l'heure actuelle, du fait d'incroyables progrès technologiques et de leur impact, tout semble bouger et vaciller comme dans un séisme. Nous n'avons plus de points d'appui, de repères stables ou de modèles pour nous guider. Beaucoup d'entre nous semblent désorientés et dans l'expectative.

Peut-on relier les secousses de pareil séisme à la logique d'une évolution? Dans l'affirmative, quels sont alors les enjeux et les perspectives d'avenir?

# I

## TÉMOIGNAGE D'UN SIÈCLE ÉCOULÉ

À un grand centenaire

# Cher Parrain,

Si vous viviez encore aujourd'hui, vous auriez en effet un peu plus de cent ans...

Pour saisir le «nouveau monde» en ce début de troisième millénaire, nous devons faire, voyez-vous, un retour en arrière, et nous reporter au temps et aux personnes qui l'ont précédé. Or, qui d'autre, mieux que vous, incarnerait aux yeux de mes contemporains les valeurs, les attitudes et les comportements d'antan?

À votre insu et tout à votre honneur, je vous rendrai donc hommage, par la présente, en vous consacrant témoin authentique d'une époque : la vôtre, celle du siècle passé.

Je vous ai toujours appelé Parrain, mais vous étiez aussi mon grand-père, et vous m'adoriez... Enfant, lorsque je dévorais les livres qui racontaient les exploits de *Buffalo Bill* et du *Dernier des Mohicans*, un seul désir m'habitait : le jeudi, jour de congé scolaire, je rêvais d'aller au cinéma voir s'animer devant mes yeux les traits de mes héros. Lorsque la salle de projection résonnait sous le piétinement des chevaux au son d'une musique à grand spectacle, j'enfourchais le plus beau pur-sang de l'écran et je m'élançais vers les horizons lointains des plaines du Far-West... Être une fille ne changeait rien à mes rêves d'actions d'éclat et j'étais déjà, sans le savoir, pour la parité des sexes... Cependant, pour concrétiser ce désir, il me fallait trouver quelqu'un qui m'accompagnât au spectacle. Vous seul, Parrain, me prêtiez attention, par-dessus vos lunettes et votre journal. Malgré votre aversion pour le cinéma et les films d'aventures, vous acceptiez souvent de m'y emmener.

Bel homme, vous preniez grand soin de votre personne, et vous vous observiez beaucoup. «Beaucoup trop!», disait grand-mère.

Vous exigiez que le pli de vos pantalons soit toujours impeccable; «la tenue, est une question de respect vis-à-vis de soi-même aussi bien que des autres», disiez-vous.

Vous étiez «macho». Pour vous, la place des femmes était au foyer.

Fin gourmet, vous appréciiez une gastronomie raffinée qui reflétait la bienséance et les bonnes manières. Vous pratiquiez, à l'occasion, l'art culinaire et réussissiez fort bien... Grand-mère, dépitée par tant de savoir, vous lançait alors quelque réflexion désobligeante :

– Si tu devais faire la cuisine tous les jours comme moi, tu serais moins maniaque, et surtout plus rapide!

Très digne et sûr de vous, vous deveniez toutefois très craintif et diminué à l'idée de la maladie et de la souffrance physique. Il est vrai que les connaissances médicales étaient, en ce temps-là, plus limitées et on mourait plus jeune. Mes souvenirs vous concernant remontent à votre mise à la retraite. Bien que la vie pour un aîné d'alors s'avérât passive et plus courte, vous demeuriez étonnement alerte et actif pour votre âge et votre époque.

Vous étiez un homme d'honneur et vous ne dérogiez jamais à vos principes.

Votre passion restait la grande nature; vous en étiez follement amoureux, et vous manifestiez à son égard un véritable culte. Très vite, vous aviez mis à l'index les engrais chimiques.

Vous campiez le portrait du fervent écologiste, sans en avoir encore le nom. Vous vénériez tout ce qui touchait aux choses de la terre. C'était l'œuvre de Dieu. Si vous viviez encore aujourd'hui, vous partiriez en guerre contre les pesticides, les produits transgéniques et le clonage. Je salue en vous le précurseur des «Verts» que vous étiez, et le défenseur d'une éthique de votre temps.

Bien qu'amateur de chasse, ce qui est contesté de nos jours, c'est vous qui m'avez inculqué l'amour des bêtes et le respect que nous devons leur porter.

Vous m'avez aussi transmis le patriotisme et la fierté des origines. Si cette dernière demeure encore chez nos contemporains, par contre le patriotisme n'est plus ce qu'il était, cher Parrain, les frontières n'ayant plus la même signification.

Je me souviens d'une conversation avec votre ami Martin qui, comme vous, avait connu les guerres de 1914 et 1940, la première pour l'avoir faite, la seconde pour l'avoir subie. À ce dernier qui vous disait :

– Pierre, l'Amérique du Nord, ça ne te tente pas de la visiter? Les grands espaces, la belle nature? Tu es encore en bonne santé et à la retraite. Sais-tu, c'est beau, j'ai vu un documentaire là-dessus...

Vous répondiez :

– Grands espaces, grands problèmes. Rien ne vaut notre coin, Martin. Les Américains sont peut-être bien chez eux, et nous, nous sommes heureux chez nous.

Évidemment les voyages n'étaient pas aussi en vogue et aussi rapides qu'aujourd'hui. Vous connaissiez pourtant la majeure partie de votre pays et bien des contrées voisines, mais votre mentalité était à l'échelle d'un monde beaucoup plus petit et plus fermé. Ces jours-ci, on vous traiterait de xénophobe! Vous n'aimiez pas ce que vous ne connaissiez pas, non par étroitesse d'esprit, mais parce que vous auriez eu l'impression de trahir vos appartenances. Lorsque, plus tard, je partis au Canada, pour masquer votre chagrin, vous me dîtes alors :

– Ah, le Canada, c'est différent. C'est sûrement un beau pays puisque c'est Jacques Cartier qui l'a découvert! J'aimerais voir la nature là-bas, elle doit être sauvage, comme je l'aime.

Vous n'êtes jamais venu. Un peu avant que vous nous quittiez, vous m'avez confié :

– Tu sais, le Canada, si seulement j'avais eu dix ans de moins... C'est trop tard maintenant...

À quatre-vingt-sept ans, Parrain, vous étiez encore en bonne santé et solide, mais la mort prédite par les statistiques de l'époque vous minait, le départ de vos amis aussi. Sans jamais avoir été malade, peu de temps après, vous capituliez.

Cher Parrain, je vous porte en moi, vous m'habitez. Vous incarnez à mes yeux la fresque d'une époque révolue, mais combien chère à ma mémoire et à mon cœur d'enfant.

Hier, j'ai vu passer les outardes dans notre ciel d'automne, au-dessus du lac Mackay, et j'ai pensé à vous...

# II

# UNE SOCIÉTÉ EN MUTATION

La nostalgie du livre
et la peur de l'ordinateur

Chère Suzanne et amie,

Je viens une fois de plus me confier à vous, espérant
que votre compétence et votre amitié m'aideront à maîtriser
un blocage psychologique dont je suis l'objet. Chaque fois
que je me trouve en présence de mon nouvel ordinateur, et que
je suis sur le point de le mettre en marche, je me sens prise
de malaise face à l'écran! Malgré quelques connaissances de
base acquises grâce à un cours, et la ferme intention d'étren-
ner la machine, je trouve toujours un prétexte au dernier
moment pour m'en éloigner. Voulant mettre fin à ce comportement, j'ai décidé de ne plus utiliser les volumes de l'encyclopédie comme source d'information pour mes écrits, et
de leur substituer carrément l'ordinateur. Mes doigts ne ca-
resseront plus désormais le cuir de la couverture de cette
luxueuse édition, et mes yeux ne s'arrêteront plus sur la
beauté du papier et des caractères qui en émaillent les pages.
Avec nostalgie et regret, je vais les délaisser pour mieux ap-
privoiser un écran flambant neuf qui trône sur mon bureau
depuis deux semaines déjà, sans avoir encore servi.

Je veux absolument m'initier au monde de l'informatique, ce monde actuel dans lequel évoluent mes enfants et

petits-enfants. Je tiens à cela non seulement pour me rapprocher de ces derniers en particulier, mais aussi pour me valoriser et assumer une responsabilité dans l'évolution planétaire. Pour réaliser cela, chère amie, j'ai besoin toutefois de vos explications et de vos conseils avertis.

Comme vous voyez, je suis sincèrement motivée. Pourquoi donc alors cette peur de l'écran? S'agit-il d'une phobie ou bien d'une simple appréhension justifiable?

Devant l'écran, je me sens devant un inconnu, un ennemi même. De plus, ne pas savoir et avoir encore à apprendre à mon âge, dois-je avouer, est pénible. J'expliquais hier à ma petite-fille Katie, qui a six ans, que l'ordinateur n'existait pas lorsque j'étais enfant ni même lorsque son père à elle était enfant... Sans se douter de l'ironie de sa réponse, la petite m'a rétorqué très gentiment :

– Alors, tu dois être contente d'en avoir un maintenant. Tout ce que tu as à faire, c'est l'ouvrir! Tu verras, grand-maman, c'est facile, je te montrerai. Après, tu lis sur l'écran et tu cliques. Moi, je sais pas encore bien lire, mais je sais ce qu'il faut faire, alors je clique.

La crainte que je ressens relève plus d'un état d'esprit négatif avec lequel j'aborde la machine, que d'une compétence à acquérir pour la faire marcher. J'ai peur que l'ordinateur change ma façon de penser et de comprendre les choses. Il s'agit là, en effet, d'une autre manière d'accéder à l'information, plus impersonnelle, plus laconique, plus automatisée, plus inquiétante pour moi. Le téléphone, il est vrai, est aussi un outil de communication et de source de renseignements, au même titre, mais au bout du fil il y a quand même une voix humaine pour me répondre et dialoguer avec moi, au besoin.

Lorsque je me servais de l'encyclopédie, il existait entre moi et les caractères d'écriture une sorte d'intervalle, un espace illimité de réflexion possible et d'interprétation personnelle. Je me sentais libre, et non dirigée et contrôlée par une machine.

J'ai peur aussi que, dans mon face à face avec l'écran, il n'y ait plus de place pour l'imaginaire, la joie anticipée de trouver après avoir longtemps cherché la définition d'un mot inconnu ou l'usage d'une expression peu courante. Je crains enfin et surtout de perdre les repères d'espace et de temps auxquels je suis accoutumée.

Chère amie, j'attends avec impatience vos explications et vos conseils. Merci d'avance.

*

Chère Yvette et amie,

Merci pour la confiance et l'amitié que vous me témoignez. Cet affolement dont vous me parlez est fréquent chez les néophytes, même chez de plus jeunes que vous. Rassurez-vous, cette peur est tout à fait justifiée dans votre cas, et il ne s'agit là aucunement de phobie.

Parce que vous avez affaire à un nouvel outil et que toute nouveauté est synonyme de changement, cela vous dérange beaucoup, surtout à votre stade de vie.

N'oubliez pas aussi que vous n'avez jamais eu de modèle de la génération de vos parents qui vous ait initié à cette nouvelle technologie qu'est l'informatique. Or, même adulte, on a besoin de se référer à son passé et à ses parents...

De plus, nous assistons à propos de l'ordinateur à un phénomène peu commun : les parents ici ont pour modèles leurs enfants et leurs petits-enfants! Katie vous l'a dit «... c'est facile tu verras, je te montrerai». À propos, je vous conseillerais quelques séances d'ordinateur avec elle, à condition, bien sûr, de vous en tenir à des programmes éducatifs de son âge et à des jeux. Vous n'aurez aucun mal à la suivre, vous vous mettrez à sa portée et vous en oublierez vos inhibitions!

Il faut aussi mentionner, comme vous l'avez fait remarquer, que l'ordinateur apporte un bouleversement des repères d'espace et de temps. Avec internet, vous serez d'emblée dans le monde de l'instantané où ces deux notions deviennent immatérielles.

Enfin, un dernier point : l'ordinateur supprime toute référence au corporel. Ce n'est pas un outil qui renforce votre puissance musculaire au même titre qu'un marteau, par exemple. C'est, au contraire, un instrument qui vient seconder votre pensée et vous ressentez, là, un réel danger, craignant que cette machine ne finisse par vous dépasser et vous imposer sa façon à elle de voir et de comprendre les choses.


Chère amie, soyez confiante. Je suis persuadée que, non seulement vous allez survivre à l'informatique, mais que vous allez apprendre à vivre en harmonie avec elle. Je serai très heureuse de venir donner le coup d'envoi au lancement de votre nouvel ordinateur, quand vous voudrez, et le plus tôt possible sera le mieux. Cela ne vous empêchera pas, lorsque votre petite-fille viendra vous rendre visite, d'aller consulter avec elle les volumes de votre encyclopédie que je connais d'ailleurs pour les avoir admirés dans votre salon. Ensemble, Katie et vous tournerez les pages de cette superbe édition. Alors, tout en transmettant à votre petite fille un patrimoine culturel précieux, vous aurez l'honneur et le privilège de relier le passé au présent et la tradition à la modernité.

## Aux parents et aux éducateurs
## à propos de l'enfance

L'enfance d'aujourd'hui n'est plus ce qu'elle était. Cette période de vie qui précède l'adolescence, et qui marque si profondément la personnalité de chacun, ne semble plus être respectée dans son intégralité. Du fait de grands changements sociaux et d'une technologie très avancée, cette enfance se retrouve malmenée, écourtée et ne se vit plus comme auparavant. Le caractère et le tempérament des générations à venir en seront-ils affectés ?

Chers parents et chers éducateurs, vous conviendrez avec moi que les enfants ont acquis aujourd'hui une certaine indépendance de pensée et de comportement allant de pair, sans doute, avec des droits qui leur ont été reconnus. On s'applique à tout leur expliquer, à tout leur faire comprendre. On leur demande leur avis sur des questions réservées jusqu'ici aux adultes. On les interviewe, on les médiatise. On va parfois jusqu'à vouloir justifier à leurs yeux les conduites des grands.
— Ma chérie, dira une mère à sa fille de cinq ans, il faut que tu comprennes que papa et maman ne s'entendent plus assez bien pour continuer à vivre ensemble. Ton père et moi avons décidé de nous séparer l'un de l'autre. Rien ne va changer pour toi, sinon que, chaque seconde fin de semaine, tu

habiteras chez lui. Tu verras, ça te plaira, il t'aime beaucoup aussi.

Les enfants, il est vrai, sont aujourd'hui très avancés. Ils savent beaucoup plus que ceux des générations précédentes au même âge, surtout eu égard à la technologie. Là, les rôles d'enseignants et d'enseignés sont parfois inversés, et ce n'est plus nécessairement les parents qui instruisent. Je dois avouer, personnellement, que c'est ma petite-fille de six ans qui a su me familiariser avec l'ordinateur et qui m'a aidée à vaincre la peur de l'écran!

De ce fait, nous oublions souvent que nous avons affaire à des enfants, quelles que soient leurs aptitudes, leurs performances ou leurs connaissances. J'évoquerai, à ce propos, une métaphore qui m'est chère : le bouquet d'un vin de qualité requiert obligatoirement des étapes d'attente et de maturité. Il en va de même pour l'être humain.

Chers parents et chers éducateurs, n'est-on pas en train de ravir aux enfants leur enfance? Ne craignez-vous pas que la société actuelle, en vous poussant à les faire grandir trop vite, fasse d'eux des surdoués qui ne goûteront ni au charme ni au mystère d'un monde imaginaire irremplaçable?

Certes, l'enfance se doit d'évoluer avec son temps, mais faut-il pour cela la brusquer et la priver d'une étape indispensable à son épanouissement?

Chers amis, vous pouvez encore sauver cette enfance menacée dont on vous a confié le devenir. Il n'est pas trop tard...

Puissiez-vous préserver alors chez vos enfants, vos élèves et nos petits-enfants un peu de leur naïveté et de leur faculté d'étonnement. Encouragez-les à s'émerveiller spontanément devant les beautés de l'existence.

Pour répondre à l'imagination débordante de leur âge, faites-leur découvrir la magie des contes. Vous les initierez ainsi en douceur à l'apprentissage de la vie.

Laissez-les être gais, bruyants, exubérants. C'est le propre de l'enfance. Ils garderont des éclats de rire au fond du cœur.

Eux qui ont été conçus dans le matérialisme et la surconsommation, exposez-les à des valeurs spirituelles et humanitaires chaque fois que vous en aurez l'occasion. Parlez-leur de personnalités qui incarnent ces valeurs. Je fais cela, moi-même, lorsque je suis en compagnie de mon petit-fils Aubrey, âgé de huit ans. Peut-être, plus tard, se souviendront-ils de ces modèles et s'en inspireront-ils, le moment venu ?

Cultivez chez eux la sensibilité, même si vous voulez les aguerrir et les préparer à un monde dur et difficile. Ne les rendez pas insensibles en voulant les protéger.

Respectez les dispositions naturelles qu'ils manifestent et mettez les ainsi en confiance. Montrez votre intérêt pour leurs réalisations, si petites soient-elles.

Restez attentifs à tous les pourquoi et les comment de leurs interrogations. Ils vous conduiront à la vérité en vous obligeant à aller jusqu'au fond des choses.

Enfin, lorsque vous aborderez l'informatique avec eux, faites en sorte qu'ils saisissent très vite le danger du virtuel. Qu'ils ne confondent jamais ce dernier avec le réel. Ils devront comprendre que les jeux vidéo auxquels ils se livrent sur l'écran de l'ordinateur, n'ont rien à voir avec les réalités de la vie. N'oubliez pas que la violence les guette de plus en plus jeunes.

À ce propos, j'ouvrirai une parenthèse parce que la violence nous interpelle tous, que nous soyons parents, grands-parents, éducateurs ou simples citoyens. Ce phénomène social qui ne cesse de croître chez les jeunes, témoigne d'une réelle détresse dans notre société. Les politiques gouvernementales qui favorisent les valeurs matérielles aux dépens des valeurs humaines et spirituelles, ainsi qu'un désengagement de la part de certains parents, sont sans doute les grands responsables.

Les psychanalystes nous disent : «Nous sommes dans un contexte social qui se complaît de façon morbide dans des représentations de violence sur les écrans de cinéma et de télévision[1].» «Il y aura inexorablement une accentuation de la violence s'il n'y a pas dans les mots et surtout dans les faits, une recherche collective d'un Sens de l'existence[2].»

En ce qui concerne la violence pendant l'enfance, des études ont souligné que les conditions économiques, la situation familiale et le jeune âge des mères favorisent l'agressivité et les actions délinquantes entre la maternelle et le cycle primaire[3].

Une conclusion s'impose. Si, désormais, on ne met pas l'humain au centre de nos préoccupations et de nos priorités, la logique économique continuera à l'emporter.

Or, ce n'est pas l'économie qui doit orienter nos choix politiques ou humains.

En dehors des responsabilités qui relèvent des gouvernements et des parents, j'aimerais souligner le rôle irremplaçable des grands-parents dans l'éducation des enfants. Non seulement les grands-parents savent rester proches des petits-enfants, mais ils savent aussi les relier à leur passé et les ancrer dans le substrat familial dont ils sont issus. En assurant la transmission, ils apportent aux jeunes les éléments de continuité, de stabilité et d'appartenance indispensables à leur épanouissement.

Chers parents, grands-parents et éducateurs, vous aurez été de bons maîtres si, au milieu des contingences de la vie, vos enfants, petits-enfants et élèves deviennent un brin

---

1. Tony Anatrella, psychanalyste, spécialiste de psychiatrie sociale à Paris.

2. Michel Lemay M.D., PH.D., psychiatre professeur à l'Hôpital Sainte-Justine, de Montréal.

3. Groupe de Recherche sur l'Inadaptation psychosociale chez l'enfant, Université de Montréal.

poètes, peintres ou musiciens. Vous aurez réussi leur éducation si ces derniers prennent le temps de communier à la nature, de réagir à des formes de beauté et de vibrer aux accords d'une symphonie de Beethoven. Vous aurez été de bons pédagogues si vous découvrez en eux, après un temps de maturité, l'intelligence du cœur.

Et, si l'autre, quel qu'il soit et où ils le rencontreront, a besoin d'eux, sans doute sauront-ils lui répondre dans un esprit de solidarité et d'humanité renouvelé.

Ces enfants, ces petits-enfants, auront ainsi saisi, grâce à vous, la quintessence et le sens de la vie, indépendamment des temps ou des lieux dans lesquels ils vivront.

Faisons nôtre ce propos de Pierre Teilhard de Chardin : « L'avenir est entre les mains de ceux qui peuvent proposer aux générations de demain des raisons valables de vivre et d'espérer. »

# À une amie sur le désarroi des jeunes

Chère Suzanne,

Vous qui êtes psychiatre pour adolescents et qui, chaque jour, les écoutez vous confier leurs attentes, leurs déceptions, leurs frustrations, vous qui leur dispensez votre expertise, pourriez-vous m'expliquer comment s'est installé le désarroi chez les jeunes dans le monde actuel. Drogue, prostitution, décrochage scolaire, violence, criminalité, désespérance sont autant de titres qui, constamment, font la une des journaux d'ici ou de l'étranger. Ces manchettes, je dois l'avouer, me perturbent beaucoup. J'aimerais comprendre comment on en est arrivé à une telle crise, et si on a conçu des projets de société pour la surmonter.

Les jeunes retardent leur entrée dans la vie active. Ils remettent souvent à plus tard la demande d'un premier emploi. Ils prennent peur à l'idée d'aborder le monde concurrentiel du travail. Ils prolongent longtemps une adolescence ou une condition d'étudiant, dans le seul but de rester en attente au sein de la chaleur rassurante d'un groupe.

Pourquoi ces comportements? Des observateurs invoquent surtout la pauvreté. Si cette dernière était à retenir comme cause essentielle, comment alors expliquer que nos sociétés occidentales, qui vivent depuis déjà un certain temps sous la dictature des économistes et des financiers, aboutissent au chômage et à l'insécurité? Ce n'est pas sans raison que le jeune a peur de l'avenir. On peut comprendre qu'il évacue parfois sa désespérance dans la violence.

Se pourrait-il, Suzanne, que cette pauvreté invoquée comme cause exclusive soit plutôt un symptôme résultant d'une absence d'idéologie et d'humanisme de nos sociétés? Le potentiel d'un individu et sa valeur personnelle doivent-ils toujours se mesurer à l'inventaire de biens matériels et à une rentabilité chiffrable?

Si les jeunes d'aujourd'hui viennent à se demander quel type d'existence vaut la peine d'être vécue, quel sens donner à la vie? Et si les leaders politiques leur répondent en invoquant des préceptes d'économie, comment ces jeunes devraient-ils réagir?

La prépondérance de l'économique et de l'argent sur tous les aspects de la réalité sociale, n'engendre-t-elle pas un sentiment légitime d'impuissance chez eux? Décrochage, fuite dans la drogue, actes de violence ne traduisent-ils pas le désarroi qu'ils ressentent? N'y a-t-il pas là une preuve de recherche des valeurs et du sens à donner à leur vie?

«La pensée unique» de l'utilitaire n'a-t-elle pas contaminé la valeur fondamentale d'esprit de gratuité qui fait qu'une société demeure humaine avant tout?

Si, dans une société de surconsommation comme la nôtre, la misère d'une majorité voit désespérément s'accroître l'écart entre elle et la richesse d'une minorité, doit-on penser que nos jeunes sont des chiffes molles quand ils ressentent angoisse, confusion, et sentiment de vide et de révolte?

Ce désarroi, faut-il l'interpréter comme un cri d'alarme, un appel au secours, ou simplement comme une crise de croissance de jeunes contraints d'évoluer dans un monde devenu trop grand trop vite? Nous, leurs aînés, sommes également désorientés et déroutés par la complexité du monde actuel.

Au début de ma lettre je vous demande si des projets de société ont été formulés. Je sais que des méthodes technocratiques ont souvent été proposées. Ai-je tort de penser, une fois de plus, que ces méthodes favorisent là encore la technique au détriment de l'humain? A-t-on envisagé d'autres types de correction? Ne serait-il pas possible de s'orienter vers une recomposition de société qui ferait aux jeunes toute leur place en répondant à leurs besoins d'espaces humains, de familles unies, de morale reconvertie et d'enseignement formateur? On leur proposerait alors des valeurs, des repères solides et des modèles pour les encourager et les guider.

Je sais pertinemment qu'il y aurait encore beaucoup à dire sur ce sujet, et que les solutions à apporter au désarroi des jeunes sont sans doute aussi difficiles à réaliser qu'à concevoir. Je m'en remets donc à l'expertise des éducateurs et des professionnels comme vous. Je conserve, toutefois, le sentiment d'une certaine responsabilité aussi bien individuelle que collective, grand-mère aimante et citoyenne planétaire concernée que je suis.

Est ce pure utopie que de vouloir accueillir nos jeunes dans un monde que nous souhaiterions plus humain pour eux?

De plus, une conclusion me semble s'imposer. Le désarroi mondialisé de la jeunesse d'aujourd'hui prouve que la société actuelle n'a pu, jusqu'à présent, offrir aux futurs adultes qu'une globalisation de l'utilitaire. Leur désespérance atteste aussi que l'hégémonie des priorités économiques ne suffit pas à l'épanouissement d'une société où l'engagement en vue d'une qualité de vie devrait être prioritaire.

Enfin, le succès de grands rassemblements mondiaux tels que les Journées Mondiales de la Jeunesse nous persuade que les jeunes d'aujourd'hui sont en quête d'une spiritualité valorisante et réellement significative pour eux.

# Mon cher Claude,

Je t'ai vu naître et grandir. Quinze ans déjà! Je me souviens encore de l'époque où tes grands-parents et moi fréquentions les mêmes bancs de la faculté. Depuis leur disparition, sais-tu, ils me manquent beaucoup. Quelle tragédie que ce stupide accident, il y a deux ans. Nos familles, même si nous vivions sur deux continents différents, sont toujours restées proches et se rencontrent régulièrement.

À mon arrivée à Paris cette année, Claude, je t'ai trouvé changé. Tu es triste, fatigué, et tu parles à peine; toi d'habitude si gai, si dynamique, si affectueux, tu es ailleurs. Hier soir, malgré tes réticences, j'ai eu un long tête-à-tête avec toi. Après bien des silences et des hésitations, tu as fini par te confier. Tu m'as laissé entendre qu'imposer la vie à quelqu'un est irresponsable, que faire faire des études à ses enfants et envisager pour eux un avenir dans un monde comme le nôtre est insensé. Tu as dénoncé le matérialisme, l'égoïsme, la violence de notre société qui, chaque jour, se déshumanise davantage à tes yeux. Tu as crié la malhonnêteté et le magouillage des grandes entreprises et des gouvernements. D'une voix éraillée par l'émotion, tu as ajouté :

– Personne n'essaie de comprendre ou d'écouter. Tout le monde est pressé. Les parents n'ont jamais le temps, ils courent d'un avion à l'autre, d'un congrès à l'autre. Ma copine Jacqueline, c'est pareil. Elle veut toujours aller ailleurs, faire autre chose. Elle se force, dit-elle «à me laisser des espaces de liberté!» C'est bien beau le respect de la liberté, mais si l'autre se retrouve tout seul quand il est angoissé et s'il a besoin de dialoguer, ça n'a plus de sens.

Après ce monologue tu t'es levé et, face à la fenêtre, en regardant droit devant toi, tu as dit solennellement :

– Heureux sont ceux de mon âge qui ont le courage de se prendre en main et refusent l'absurdité de la vie.

Sur le moment, j'ai cru à de vagues propos d'un adolescent de quinze ans mais, très vite, je me suis souvenue des paroles que ton père m'avait adressées le lendemain de mon arrivée à Paris. «Nous sommes très inquiets à propos de ton filleul», m'avait-il dit. «Il y a deux mois, il a perdu son meilleur copain, un élève brillant, même âge que lui, suicide. Cela a fait beaucoup de bruit au lycée. Depuis, Claude n'est plus le même, et il se renferme de plus en plus.»

C'était donc ça, mon Claude ! Tu es sous l'emprise d'un terrible choc émotionnel. La disparition de l'ami dont tu m'as parlé à mots couverts, te pousse à remettre en question le sens de l'existence. Tu es dans une impasse et tu te trouves face à un terrible dilemme : «vivre ou ne pas vivre».

D'après toi, tes parents t'ont infligé la vie et ton suicide inverserait leur faute. Pour toi, il n'y aurait pas là un geste désespéré, mais plutôt une rencontre anticipée avec un Dieu d'écoute et de disponibilité ou un espoir de bonheur dans l'éternité.

Cet acte que tu pourrais poser n'a peut-être, sais-tu, rien à voir avec la bravoure ou l'estime de soi; peut-être encore est-ce plus un refus de la souffrance qui t'habite qu'une attirance vers la mort elle-même. Tu es aspiré par quelque chose qui te dépasse.

Rassure-toi, Claude, je n'essaierai pas de te raisonner ni de te faire la morale. Sache simplement que je te suis très attachée, que je respecte ta souffrance, et que je te tiens pour un adulte.

Tu souhaiterais partager avec ta famille des espaces de paroles et de dialogue, m'as-tu dit. Or, mis à part la présence de la femme de ménage qui s'occupe de votre maison et de tes repas en l'absence de tes parents, tu te retrouves seul chez vous la plupart du temps. Tu te sens donc très isolé, presque nié par les tiens à certains moments dans ta dimension de fils, peu importe les raisons. De plus, tu restes sous le choc de la brusque disparition de ton meilleur ami.

Sans vouloir justifier l'absence de tes parents, j'aimerais te dire que tu comptes énormément pour eux. À cause de cela, m'ont-ils dit, ils sont prêts à mettre un terme à leurs déplacements le plus tôt possible, même si cela doit nuire à leur carrière.

Notre société actuelle est très dure à l'égard des jeunes comme des aînés, tu as raison. Or, la jeunesse et la vieillesse correspondent à des périodes de grande vulnérabilité. Personne, c'est vrai, n'est disponible pour personne. «Pas le temps... » reste, indiscutablement, le leitmotiv qui revient inlassablement dans nos conversations. De plus, ni la télévision ni l'ordinateur ne sont des lieux d'échanges ou de dialogue...

Tu le sais, cette année je suis venue seule à Paris pour réaliser un projet d'écriture de longue date. Je resterai ici plusieurs mois sans doute, et je logerai chez vous, comme convenu avec tes parents. Durant ce séjour, je serai tout à fait libre de mes horaires de travail.

Depuis que tu t'es confié à moi hier soir, Claude, une idée m'est venue... Crois-tu que, si je m'arrangeais pour être disponible à ta convenance, je pourrais être une personne ressource pour toi? Cela t'aiderait-il?

Tu pourrais te confier, me parler, me crier ta désespérance, ta colère, et peut-être ainsi les exorciser. Je n'aurai même pas à te répondre à moins que tu me le demandes.

Par ailleurs, ma formation me permettra de t'écouter judicieusement. Tu as confiance en moi, tu as toujours été très à l'aise avec moi, et tu connais mes sentiments à ton égard. Si tu décides d'avoir recours à une aide professionnelle, je pourrais même t'accompagner, si tu le désirais bien sûr. Comprends-moi bien Claude, je ne m'imposerai en rien ni en aucun cas, je veux seulement t'épauler, si je peux et si tu le souhaites.

Peut-être, en sentant à tes côtés une présence attentive et un soutien affectif, tu seras motivé pour te hisser hors de cet horrible trou noir dans lequel tu as trébuché.

Peut-être, parviendrai-je à te convaincre de jeter un second regard sur un monde imparfait et en pleine mutation, mais malgré tout doté d'un grand potentiel. Une fois réconforté, peut-être pourras-tu apprécier à nouveau la lumière du jour et ressentir la douceur d'un rayon de soleil. Encouragé et plus confiant, tu entendras alors crier à tes oreilles le chant vibrant de la Vie qui justifie et motive notre existence.

Je me sens très proche de toi. Fais-moi confiance, fais-nous confiance. Je veux t'aider, sache bien que tu comptes beaucoup pour moi.

Je t'envoie cette lettre, car il me semble qu'il te sera plus facile de me lire que de m'entendre.

Ta marraine qui t'aime

Paradoxe de mégamonde

$C$hers concitoyens, chères concitoyennes,

Ce matin, à la une des journaux, on pouvait lire que des milliers de représentants du groupe Anti-Pauvreté, Jubilé 2000, avaient défilé dans les rues de Prague. À la veille de la rencontre annuelle de la Banque mondiale et du Fonds monétaire international, ces manifestants réclament l'abolition de la dette des pays pauvres. Selon eux, les grandes multinationales s'enrichissent aux dépens des contrées les plus démunies qui, elles, s'appauvrissent de plus en plus. Chaque jour, en Asie et en Amérique latine, soulignent les contestataires, des enfants ainsi que d'honnêtes travailleurs sont exploités à bon marché et ces malheureux ne bénéficient même pas de services médicaux essentiels. Dix-neuf mille enfants meurent ainsi chaque année!

Après Seattle et Washington, Prague est maintenant le siège d'une dénonciation de l'injustice sociale, à l'échelle mondiale. Les protestataires venus des quatre coins du monde, malgré la présence d'agitateurs, ont, pour la plupart d'entre eux, des convictions sincères et ils désirent défendre une grande cause.

L'objectif de la présente lettre, chers concitoyens, chères concitoyennes, n'est pas de vous inciter à prendre parti pour

39

ou contre ce groupe, mais plutôt de souligner ici l'existence d'une solidarité de village global en marche. Ce groupe, bien que considéré comme anti-mondialisation, en fait, s'oppose uniquement à la pratique des politiques exercées pour y accéder.

Une conscience sociale de mégamonde est née. Nous devons nous en réjouir si nous choisissons de croire à une citoyenneté planétaire et si nous voulons avoir foi en l'avenir.

Cependant à côté d'élans de fraternité collective encourageants, comment expliquer, de la part de ces mêmes êtres humains, des comportements bien différents devant la détresse de l'individu singulier? Écoutez plutôt l'histoire qui suit :

Fredo, un sans-abri anonyme, n'avait pas de chez-lui. Les hasards de la vie, l'alcool ou la drogue l'avaient sans doute jeté à la rue. Il passait ses journées assis sur les trottoirs, la main tendue. Il y a quelques jours à peine, il était accroupi dans un coin, à l'entrée du marché comme à l'accoutumée. Malgré une température douce de début d'automne, il semblait grelotter, fiévreux. Ses vêtements crasseux et chiffonnés allaient de pair avec son visage hirsute et pâle. Les gens passaient devant lui sans même le voir, le heurtant parfois du pied. Fredo, mal en point, paraissait secoué de violents soubresauts. Il marmonnait et essayait désespérément de communiquer avec quelqu'un sans y parvenir. Tous l'ignoraient et pressaient le pas de plus belle dès qu'ils l'approchaient. C'est alors que Ginette, une de mes amies, arriva sur les lieux. Elle vit une personne, dont Fredo venait d'agripper le pantalon, lui asséner un violent coup de pied dans le ventre pour se libérer... Après quelques instants d'hésitation, Ginette se précipita pour porter secours à Fredo, allongé à terre et gémissant. Celui qui avait brutalisé le malheureux était loin déjà, perdu dans la foule des passants.

Un jeune homme, témoin de la scène avait entre-temps alerté Urgence Santé. Les secours furent prompts à venir, mais ils arrivèrent trop tard pour Fredo qui, soutenu par mon amie, venait de fermer ses yeux pour la dernière fois, en serrant la main de Ginette.

Au lendemain de cette triste histoire, je me suis demandé si moi-même je me serais arrêtée pour porter secours à cet itinérant. J'ose espérer que ma réaction aurait été la même que celle de mon amie.

Où en sommes-nous dans ce monde plein de paradoxes qui, tout en se voulant ouvert et solidaire collectivement, peut manifester une telle indifférence et une telle absence de compassion envers l'individu seul? Qu'arrive-t-il à cette responsabilisation de mégamonde et cette belle conscience sociale, une fois placées devant la misère et la souffrance humaines individuelles?

Le dédain, la peur, l'individualisme égoïste de chacun d'entre nous, nous détourne-t-il de l'autre au point de nous déshumaniser totalement? Sommes-nous devenus de grands hypocrites ou, simplement, des faibles qui doivent se réfugier au sein d'une collectivité pour avoir le courage d'agir?

Enfin, pour mieux nous protéger d'un monde dur et trop complexe pour notre entendement, essayons-nous de crâner en nous efforçant de nous désensibiliser?

Peut-être existe-t-il derrière tout cela une crise d'altérité qui nous empêche d'avoir confiance en l'autre. Derrière un accroissement de la violence, derrière l'impuissance des politiciens, derrière l'échec des couples et des familles, n'y a-t-il pas essentiellement la manifestation d'une difficulté de relation avec autrui? Lorsque la difficulté de croire en quelqu'un devient plus forte que la volonté d'agir, nous nous sentons paralysés peut-être, et nous manifestons alors de l'indifférence. Par contre, se pourrait-il que collectivement nous reprenions espoir et courage plus facilement en créant et respectant des valeurs de groupe comme la solidarité?

Depuis plusieurs années, bien des associations ont été créées à travers le monde pour lutter contre la pauvreté et venir en aide aux défavorisés. Pourtant, le nombre de ces derniers ne cesse de grandir.

Il est vrai que dans les pays les mieux nantis où sont nées ces associations, les institutions publiques éprouvent des difficultés à répondre aux besoins des défavorisés. Écrasés par le poids de l'aide sociale et de structures rigides, ces institutions renvoient trop souvent le sans-domicile d'un guichet à l'autre, d'un dispositif à l'autre. Découragé et déçu une fois encore, celui-ci retourne alors dans le seul univers qu'il connaisse vraiment : la rue.

Pour aider l'exclu d'aujourd'hui, il ne suffit plus de lui offrir la nourriture, le gîte et des soins de santé. Il faut, en plus, l'aider à recréer un lien entre lui et la société. Il a besoin de parole et de chaleur humaine qui lui permettront de recouvrer un peu de dignité et de confiance en lui ainsi que dans les institutions sociales. Or, plus désocialisé est l'exclu, plus, semble-t-il, on exige de lui des efforts de réintégration. De plus, si nous avons affaire à un grand exclu, il refusera d'emblée toute assistance et il faudra, alors, aller à sa rencontre dans la rue. Saluons ici, au passage, les bénévoles qui sont prêts à accepter de vivre temporairement auprès de ceux qu'ils veulent aider.

La destruction du lien social, économique ou affectif semble détruire la personne en tant qu'individu. C'est notre société, qui après avoir subi une fracture, a créé le phénomène de l'exclusion. Pour combattre ce dernier, il faut reconsidérer chacun dans sa singularité et son exclusivité.

Construire un mégamonde plus ouvert et plus solidaire implique, manifestement, une coresponsabilité collective aussi bien qu'individuelle.

Ma chère Léah,

Le voyage organisé que nous devions entreprendre le mois prochain et qui allait nous réunir à Paris, vient d'être annulé! L'agence m'a téléphoné pour me dire qu'en raison du retrait de certains vols et de la volonté d'un grand nombre de passagers de supprimer leurs réservations, notre circuit touristique n'aura pas lieu. Les événements du 11 septembre sont évidemment responsables de cette situation. Quelle déception, Léah!

Il se peut, cependant, que mon mari et moi partions seuls un peu plus tard. Nos retrouvailles ne seraient alors que partie remise... Je te tiens au courant.

Hier soir, perturbés par ce pénible contretemps, nous n'avons cessé de maugréer tous deux contre la conjoncture mondiale actuelle, assis devant notre poste de télévision. Contrairement à l'accoutumée, c'est moi qui avais la commande en main, et j'ai constamment vogué sur les chaînes, incapable de fixer mon attention sur une émission en particulier. C'est ainsi que j'ai découvert la pratique abusive de la télécommande! Mon mari, excédé, a fini par me dire : «Heureusement que tu ne zappes pas dans la vie comme tu le fais à la télévision. »

Au fait, c'est de ta bouche, Léah, que j'ai entendu le terme de «zapping» pour la première fois. Tu avais mentionné ce vocable au cours d'une de nos conversations téléphoniques outre-Atlantique. «Encore un mot emprunté à la langue anglaise» avais-tu dit. Et j'avais rétorqué : «Apprends Léah, qu'au Canada français, on ne zappe pas, on *pitonne...*» «Merveilleux, un bon point pour les Canadiens français», avais-tu ajouté.

Tout en continuant à appuyer frénétiquement sur les touches de la télécommande pour calmer mes frustrations, je n'ai pu m'empêcher alors de réfléchir sur le zapping ou zappage.

La commande à distance est, en effet, une invention qui, au même titre que l'ordinateur, non seulement a changé notre rapport avec le petit écran, mais aussi a modifié notre style de vie et nos comportements.

Un emploi quotidien et exagéré de ce gadget est sans doute responsable de certaines impatiences et exigences de la part de zappeurs, pourtant de nature calme et pondérée.

J'ai constaté ce genre de réactions, récemment, chez un mari au lendemain de la retraite. Désemparé par un changement de vie subit auquel celui-ci était mal préparé, le zappage a compensé pendant une courte période de temps une autorité professionnelle perdue trop brusquement. Heureusement, ce comportement a cessé après un retour à des activités valorisantes.

Te souviens-tu, Léah, lorsque les chaînes de télévision ont commencé à se multiplier, nous sommes instantanément passé d'une émission à une autre, d'un sujet à l'autre, puis d'un endroit à l'autre. Le téléspectateur est ainsi parti à la conquête d'une ubiquité enivrante. Il a pleinement réalisé cette dernière lorsqu'il n'a plus eu à se lever pour changer de chaîne, et lorsque son siège lui est apparu comme le lieu idéal pour zapper.

Cependant, à vouloir être partout à la fois, le zappeur invétéré a fini par perdre le sens de la réalité, et de ce qu'il voyait. De plus, il a créé chez lui une dépendance du pouce. Son geste est devenu automatisme, geste compulsif, tic. À force d'être partout à la fois, à un moment donné, le zappeur ne s'est plus situé nulle part. Impatient, insatisfait, il est devenu exigeant et irritable. Il a extrapolé cette attitude dans la vie, et a oublié que, dans la réalité de tous les jours, il ne dispose pas d'une commande à distance.

Le zappeur maladif, en effet, supportera mal parfois la lenteur que mettra un de ses proches ou de ses amis à répondre à ses questions ou à ses demandes.

Le zappage revêt également une forme de pouvoir absolu. Par simple pression du pouce sur une touche, je peux, en effet, couper net la parole à un chef d'état, ou encore mettre fin au spectacle d'une superstar.

Le zappage permet de faire preuve d'esprit de décision, d'autorité même... mais aussi d'intolérance. Son impact social est grand parce qu'il reste une activité quotidienne très répandue et commune à des millions d'individus chaque jour dans le monde.

Si on franchit les limites des loisirs et du petit écran, et si on généralise le phénomène, il conviendra de dire que le zappage est intimement lié à une question cruciale actuelle, la gestion de notre temps.

Comme tu l'as constaté sans doute, Léah, avec la multiplication des outils de télécommunications auxquels on ne peut se soustraire, la plupart des gens sont aujourd'hui confrontés à un phénomène concomitant de « zappage » et de « commutation ». On passe d'une étape à l'autre sans même s'en rendre compte lorsque, pour ne donner qu'un exemple, nous allons retirer de l'argent au guichet automatique. Les « infotechno » sont devenues le moteur des activités les plus courantes, aussi bien sur le plan professionnel que dans la vie privée.

Étant donné que nous subissons une accélération du temps qui nous pousse à aller toujours plus vite, nous avons l'impression que nous sommes constamment surchargés de travail. Le temps que nous devons consacrer au fonctionnement des machines finit par entrer en concurrence avec le temps dont nous disposons pour nos propres activités journalières. Alors que les machines ont été inventées et fabriquées pour nous soulager et nous permettre d'aller plus vite, nous aboutissons à une situation où les machines, désormais, nous dictent le temps que nous devons leur consacrer. Comment aller se coucher sans avoir pris connaissance, chaque soir, de son courrier électronique?

Pour mettre fin à mes réflexions, je crains, Léah, d'avoir caricaturé plutôt que peint cette pratique du zappage. Mais, peut-être, est-ce là une façon de mieux saisir le profil de pareil phénomène social.

Il n'est pas nocif de zapper, cela est même indispensable si l'on veut passer d'une étape à une autre ou d'une première opération à une seconde. Encore faut-il le faire à bon escient et non de manière compulsive.

L'homme doit-il aller jusqu'à rivaliser avec la machine? La perte du sens des limites et la déshumanisation des comportements ne doivent-elles pas rester les balises d'un no man's land?

# III

## DES MODÈLES SUR NOTRE CHEMIN

Dans un monde en pleine mutation et qui tremble sur ses assises, il est difficile de ne pas se sentir égaré et désorienté. Les uns partent à la recherche de la stabilité, d'autres, en l'absence de repères, s'affolent et s'arrêtent, figés. Enfin, certains plus altruistes, se mettent en disponibilité, prêts à agir et aider.

Quels que soient nos comportements et qui que nous soyons, après un temps d'égarement, il devient impérieux de nous interroger sur le pourquoi de l'existence et d'en chercher le sens. C'est seulement, alors, que chacun pourra essayer de se réaliser, tout en assumant un avenir de bien commun et d'humanité planétaire, indispensable à notre temps.

Si les exemples de personnes ou d'organismes susceptibles de nous servir de modèles et de nous inspirer dans nos orientations sont rares de nos jours, ils existent cependant. Les lettres qui suivent ont pour objet d'en témoigner.

Hommage
à un grand homme d'état disparu

Chers compatriotes, chers concitoyens et concitoyennes,

Sur le parvis de la basilique Notre-Dame de Montréal, nombreux étaient les hommes d'état et les hauts dignitaires qui, hier, ont défilé pour assister aux funérailles du Très Honorable Pierre Elliott Trudeau.

Dehors, derrière les barrières, une foule dense se serrait pour participer à l'événement, et on pouvait lire sur des visages tendus, à la fois l'admiration, la gratitude, l'affection et la tristesse. Le moment était solennel. Des centaines de personnes qui n'avaient rien en commun quelques minutes auparavant, se sentaient soudainement unies et très proches. Issues de tous les milieux, jeunes ou vieux, d'expression française, anglaise ou autre, et de couleurs différentes, elles venaient rendre un ultime hommage à un grand homme disparu, un héros pour beaucoup d'entre elles. Des écrans géants permettaient de suivre la cérémonie qui se déroulait à l'intérieur de la basilique.

Or, cette scène, transmise sur mon poste de télévision, me faisait étonnamment penser à une tapisserie moderne dont le tissage, loin d'être «pure laine», était composé d'un pluralisme de textures et de couleurs d'une grande beauté.

À la vue de ce spectacle, je compris toute la portée de l'héritage que Pierre Elliott Trudeau léguait aux siens, à ceux qui l'avaient approché, à tout un peuple, et je dirai même à notre société.

Le caractère libre et universel de l'esprit de cet homme, hors du commun, explique sans aucun doute l'impact que ce dernier a eu sur plusieurs générations, et au delà des frontières de son pays. De fait, il a adhéré à la citoyenneté planétaire avant même que celle-ci existe.

Les multiples facettes de la personnalité de cet ancien premier ministre, à la fois intellectuel, homme de culture, philosophe, politicien, juriste, amoureux de la nature et père aimant, lui ont fait détecter rapidement le sens de l'existence. Il a embrassé, avec « raison et passion », une vision inspirée par un de ses maîtres, Aristote : « Une société doit permettre aux individus de vivre pleinement tant sur le plan individuel que sur le plan collectif. »

Pierre Elliott Trudeau a, certes, su transmettre ses valeurs. Son fils aîné, Justin, nous l'a éloquemment fait savoir dans son panégyrique : « Il nous a appris à croire en nous, à nous tenir debout, à rester fidèles à ce que nous sommes, à nous connaître et à accepter d'être responsables de nous-mêmes. Il nous a encouragés à tester nos limites et à défier tout obstacle. »

Justin a aussi raconté une anecdote qui avait eu pour cadre le restaurant du Parlement, lui-même étant âgé de huit ans à peine. Voulant plaire à son père, il avait glissé une remarque désobligeante à l'égard d'un des adversaires politiques de ce dernier, assis non loin de leur table. Pierre Elliott Trudeau s'était alors empressé de dire à son fils : « Justin, on n'attaque jamais l'individu. On peut être en désaccord complet avec quelqu'un sans pour autant le dénigrer. Parce que la tolérance n'est pas assez, il faut avoir un respect réel et profond de chaque être humain, peu importe ses croyances, ses origines et ses valeurs. »

Ce père attentif avait établi certains principes de base auxquels ses enfants ne devaient pas déroger. Il exigeait la même chose des citoyens de son pays, sans doute parce qu'il les aimait tout autant. C'est ainsi qu'il était parvenu à instaurer le respect et la protection des minorités linguistiques, religieuses, raciales et culturelles. Ses actions allaient, désormais, avoir des résonances internationales.

Cet homme exceptionnel était contestataire, non conformiste, paradoxal, arrogant, et frondeur à l'occasion, semble-t-il. On l'aimait ou on le détestait, il ne laissait personne indifférent. Il avait une foi religieuse profonde. À cause de sa vision, de son audace, de son intégrité et de ses convictions, il avait forcé l'admiration et le respect, même de la part de ses adversaires.

La présence de Fidel Castro, son ami de toujours, venu lui rendre un dernier hommage, fut particulièrement émouvante et remarquée; l'affection avec laquelle ce dernier étreignit Sacha et Justin sur le parvis de la basilique Notre-Dame attestait son attachement à la famille Trudeau. De plus, la poignée de main échangée par ce même Fidel Castro avec Jimmy Carter, ancien président des États-Unis, depuis Prix Nobel de la paix, témoignait de ce qu'on peut faire de sa vie lorsque, comme Pierre Elliott Trudeau, on mise sur ce qu'il y a de meilleur en l'homme.

Justin devait terminer le panégyrique de son père en disant : «Chaque rose, chaque larme, chaque démonstration de respect qui lui a été témoigné ces jours-ci, était un peu de cet amour que nous lui portions. Il représente le monde entier, que nous avons appris à connaître et aimer grâce à lui. »

L'illustre personnage que fut Pierre Elliott Trudeau nous laisse à tous une image de grandeur, et la vision d'un monde meilleur, réalisable malgré tout. Il nous revient d'honorer l'héritage qu'il a laissé, et de croire qu'il est donné à chacun de nous, qui que nous soyons, de transmettre nos valeurs et de nous réaliser à la mesure de notre potentiel.

À une dame de l'humanitaire

Chers concitoyens, chères concitoyennes,

L'objet de ma lettre n'est pas de transcrire une biographie, ni de faire un bilan des actions humanitaires de Bianca Jagger, encore moins de rendre compte des honneurs qui lui ont été décernés. J'aimerais simplement prôner et souligner, chez cette femme, un esprit de service et de bien commun qui a motivé l'engagement de toute une vie.

Il est très encourageant de constater qu'il existe encore, en ce début chaotique de XXI<sup>e</sup> siècle, des modèles et des sources d'inspirations pour tous ceux qui, comme elle, désirent changer le monde et croire à un avenir d'humanité encore possible.

Bianca Jagger est née au Nicaragua en 1945. Elle a vécu une enfance sous l'oppression d'une dictature et sa mère, jeune divorcée, a fait l'objet de discriminations.

Après plusieurs détours de vie qui l'ont successivement conduite à l'Institut des Sciences politiques de Paris, à être actrice à New York et à épouser la superstar des Rolling Stones Mick Jagger, elle a trouvé sa vocation. Elle s'est mise au service des autres, du voisin, du pays opprimé et des forêts menacées. Une écoute constante, toujours orientée vers les petits et les défavorisés l'a gardée attentive et vigilante. Joignant à la générosité de son cœur la force de son intelligence, elle a décidé d'agir.

Cette grande dame de l'humanitaire, chers concitoyens, n'a cessé de faire campagne à travers le monde en faveur du respect des droits de la personne. Elle a donné des conférences afin d'alerter le public lorsque ces droits étaient violés en Amérique latine, en ex-Yougoslavie et plus particulièrement en Bosnie et au Kosovo.

Sa vocation l'a conduite en Amérique centrale, notamment au Guatemala, au Salvador et au Honduras. Cette championne de l'humanitaire s'est rendue en ex-Yougoslavie pour enquêter elle-même sur les viols perpétrés par les soldats serbes sur les femmes bosniaques.

Lorsque la zone de sécurité des Nations Unies, à Srebrenica, est sous la supervision des troupes serbes bosniaques, huit mille civils (presque la totalité de la population masculine) sont systématiquement exécutés. La communauté internationale les a pratiquement livrés à l'abattoir. Voulant faire arrêter le génocide et agir de manière à ce que les responsables soient déférés à un Tribunal des crimes de guerre, Bianca Jagger témoignera devant le Congrès américain, la Commission d'Helsinki sur le respect des droits de l'homme, le Parlement anglais, le Sous-comité des Opérations internationales et le Comité des droits de l'homme. De pareils témoignages ont contribué et conduit à la mise en accusation de criminels de guerre tels que Milosevic.

Plus tard, elle signera un essai, *J'accuse,* à propos de la trahison de Srebrenica, qui expose le pire massacre commis sur le sol européen depuis la chute du troisième Reich.

Parallèlement à cette lutte menée pour une plus grande justice à travers le monde, Bianca Jagger se bat depuis les vingt dernières années pour sauver les forêts tropicales de son pays d'origine, du Brésil, du Honduras, et protéger les populations indigènes de l'hémisphère occidental.

Cette femme exceptionnelle écrit aussi des articles dans le *New York Times, The Observer* (G.-B.), *The European* (G.-B.), et *Panorama* (Italie). Elle prête son concours à nombre d'émissions télévisées et à des films dans le but de rejoindre un plus vaste public et de le sensibiliser à ses idéaux.

Bianca Jagger siège au Conseil de direction d'Amnistie Internationale aux États-Unis, à titre de directrice générale. Elle est membre du Conseil de surveillance des droits de l'homme dans ce pays. Elle fait partie du détachement spécial qui a pour mandat d'appréhender les criminels de guerre. Elle lutte également, toujours aux États-Unis, pour l'abolition de la peine de mort appliquée aux mineurs.

Depuis le jour où elle a trouvé sa vocation, cette femme ne s'est jamais sentie désorientée. Après quelques détours de vie, elle a trouvé le Sens. Dans tous ses combats, Bianca Jagger s'est toujours souvenue d'une prière qu'elle faisait à elle-même, alors qu'elle était encore enfant : « Ne jamais oublier mes origines et essayer de sauver le monde. »

Puisse Bianca Jagger entraîner dans son sillage de nombreux convaincus, et assumer ainsi une continuité de croissance humanitaire.

Puisse son exemplarité nous pousser et nous motiver à nous responsabiliser et nous engager.

Puissions-nous ne jamais plus entendre :

« Chorus de haine   mugissements barbares
qui massacrent et tuent
Halala   clamor   barritus   Kosovo

angoisse muette à l'orée du passage
souffle ultime de vie
dans un râle[1] »

---

1. Extrait d'un poème intitulé « Le cri », publié, dans la revue de poésie *Envol*, n<sup>os</sup> 26-27, 1999, Les Éditions du Vermillon, Ottawa, dont je suis l'auteure, et que je dédie au peuple du Kosovo et à la cause de Bianca Jagger.

Rencontre avec Bonnie et Fred Cappuccino

Chers compatriotes, chers concitoyens et concitoyennes,

Un exemple de grande inspiration reste, sans aucun doute, celui d'un couple hors du commun et reconnu mondialement pour ses engagements et ses réalisations humanitaires : Bonnie et Fred Cappuccino.

C'est en février 1996, à l'occasion de la remise de l'Ordre du Canada à Rideau Hall, que j'entendis parler d'eux pour la première fois. J'assistais à cette cérémonie, mon mari recevant lui-même cet honneur ce soir-là. Une présentation individuelle, prévue à l'intention de chaque récipiendaire, m'apprit très vite la raison de la présence du couple. Je me souviens parfaitement de ce qui avait été dit, les concernant : «Bonnie et Fred Cappuccino ont consacré leur vie à promouvoir l'adoption des enfants du tiers-monde, et à aider les familles adoptives dans leurs démarches administratives. Ils ont contribué à la création d'organismes tels que Families for Children in Canada, et ont fondé Child Haven International, aux Indes. Tout en élevant leurs deux fils, ils ont adopté dix-neuf enfants venus de onze pays de culture et de nationalité différentes. Ils se sont avérés des Canadiens capables de grande compassion. Tous deux croient fermement à une entente possible et viable entre toutes les races, les religions et les cultures. »

Récemment, j'ai eu le plaisir de m'entretenir avec Fred Cappuccino, et je peux assurer que l'obtention du plus grand honneur au pays n'a, en rien, affecté sa simplicité. J'espère avoir le privilège de rencontrer sa femme, Bonnie. Cette dernière est actuellement aux Indes pour visiter les orphelinats que le couple a fondés. Quatre fois par an, cette dernière se rend là-bas, pour s'assurer de la bonne marche des établissements et les pourvoir en médicaments, vêtements et fournitures scolaires destinés aux enfants.

La liste des mérites conférés à ce couple exceptionnel n'est pas, cependant, restreinte à l'Ordre du Canada; je citerai entre autres l'Ontario Citizen Medal, le Canada Volunteer Award, et l'Humanitarian Award, dont ils ont été honorés.

Chers amis, je vous rappellerai, comme je l'ai fait dans la lettre adressée à Bianca Jagger, que mon intention n'est pas ici de transcrire une biographie exhaustive des Cappuccino, ni d'énumérer toutes leurs réalisations. J'aimerais simplement retracer les grandes lignes d'une orientation de deux vies susceptibles de nous inspirer et de nous permettre de croire à un avenir d'humanité réalisable, même dans un monde aussi chaotique que le nôtre.

Voici leur histoire :

Il était une fois une jeune étudiante infirmière, belle jeune fille quelque peu excentrique, très dynamique et déterminée, qui adorait les enfants. Née sur la terre des fermiers du Minnesota, elle se nommait Bonnie Mc Lung. Un jour, vint à passer sur son chemin un pasteur, Fred Cappuccino, ordonné depuis peu. Ce dernier, originaire de Pennsylvanie, était issu d'une mère galloise protestante et d'un père italo-américain athée. Fred revenait du Japon où il avait passé trois ans dans les orphelinats. Bonnie et Fred, après s'être rencontrés et être tombés sous le charme d'une attirance mutuelle, se marièrent. Sans doute, savaient-ils déjà qu'ils étaient faits l'un pour l'autre et que Dieu était avec eux.

Cela se passait, il y a presque cinquante ans.

Dès le début de leur union, Bonnie et Fred décidèrent d'avoir deux enfants, et d'en adopter deux autres. Cette intention traduisait leur désir mutuel et profond d'aller au secours des enfants du tiers-monde.

Peu après la naissance de leur premier garçon, Robin Hood, ils firent donc comme prévu une demande d'adoption. Elle leur fut refusée parce que le couple ne répondait pas au critère d'infertilité exigé. Fred s'adressa alors à un orphelinat du Japon qui s'occupait de placer des enfants métissés issus de militaires américains de race noire. C'est ainsi que Machiko, âgé de cinq ans, fit son entrée dans la famille Cappuccino. Une deuxième adoption d'enfant de couleur suivit. C'est alors que la congrégation trop bourgeoise de Fred manifesta son mécontentement devant l'attitude «trop libérale» de son pasteur. Ce dernier, ne pouvant tolérer pareil esprit raciste, devint alors pasteur unitarien afin de mieux prêcher et mieux vivre ses valeurs chrétiennes, qui étaient aussi celles de sa femme.

Un deuxième fils biologique nacquit aux Cappuccino. Ils le nommèrent Pierre Ceresole, du nom d'un pacifiste suisse. Le couple a plus d'une fois donné à ses enfants des noms de héros ou de champions humanitaires, sans doute pour que ces derniers puissent s'en inspirer au cours de leur vie.

D'autres adoptions suivirent : celle d'une petite Coréenne handicapée, puis celle de deux bébés de sexe masculin, l'un originaire du Sri Lanka, l'autre métissé venant des États-Unis.

La famille continua ainsi à croître. Dans les années qui suivirent, d'autres garçons et d'autres filles, tous de pays lointains et de cultures différentes vinrent agrandir le cercle familial. C'est alors qu'on demanda à Fred de prendre la direction d'une congrégation unitarienne à Pointe-Claire, au Québec. Toute la famille multiculturelle immigra donc au Canada. Fred et Bonnie devinrent, par la suite, citoyens canadiens.

Les grandes lignes d'un tel cheminement mettent clairement en évidence les valeurs de ce couple hors du commun. À l'image aussi bien de Jésus que du Mahatma Gandhi ou de Martin Luther King, Fred et Bonnie sont tout autant chrétiens que pacifistes, amoureux des opprimés et des démunis ou inconditionnels de la tolérance. Ce sont des citoyens du monde qui acceptent tous les êtres humains sans distinction de race, de religion, de caste ou de sexe. Ils considèrent, d'autre part, que posséder au delà de l'essentiel, c'est s'approprier le bien qu'il nous incombe de partager avec l'autre, lorsque ce dernier possède moins que nous.

De telles convictions expliquent les réalisations humanitaires et toutes les œuvres du couple, entre autres, leur participation à Families for Children qui s'occupe de placer les enfants originaires de différentes nationalités dans des foyers nord-américains.

Lorsque les Cappuccino s'établirent à Pointe-Claire, ils firent l'acquisition d'une cabane en bois située sur une terre de quarante hectares, à l'est de Maxville, en Ontario. Leur intention était de vivre des produits de leur terre, qu'ils cultiveraient. Le manque d'expérience, toutefois, les empêcha de mener à bien leur projet, et ils échouèrent dans leur entreprise. Ils décidèrent alors de partir pour le Sri-Lanka et les Indes, toujours avec la même idée en tête : secourir les enfants du tiers-monde. C'est ainsi qu'ils fondèrent aux Indes, peu après, une maison pour les enfants nécessiteux et sans foyer.

Dix-huit mois plus tard, ils regagnaient Maxville où ils vivent depuis. Avec l'aide de la congrégation, cette fois, leur cabane originale a été agrandie. Les lieux ont servi depuis d'abri et de refuge à bien des enfants, à des réfugiés du Viêtnam ou d'ailleurs, et à des groupes de passage sans foyer ni toit.

Les Cappuccino fondèrent leur principal orphelinat, aux Indes, en 1985, Child Haven International. Deux autres filiales, moins importantes, ont également été créées, l'une au Népal, l'autre au Tibet. Ces établissements sont financés par des dons privés de particuliers ou de familles. Child Haven jouit actuellement du soutien de quatorze groupes établis dans quatre provinces du Canada.

L'ensemble de ces maisons abrite environ cinq cents enfants nécessiteux, sans distinction de race, de pays ou de religion. Ils sont logés, nourris (l'alimentation y est primordialement végétarienne), soignés, instruits et surtout entourés d'affection. Le personnel est constitué d'autochtones aussi bien que de bénévoles venus du Canada, d'Europe ou d'ailleurs. Ces derniers séjournent plusieurs mois d'affilée avec les enfants et la plupart d'entre eux reviennent, chaque année, selon leur disponibilité.

C'est la philosophie de Gandhi qui est essentiellement appliquée dans ces établissements. En effet, les valeurs qui y priment sont la non-violence (dans un pays où parfois les enfants sont maltraités), l'égalité des races, des religions, des sexes (là où les femmes sont très dépendantes), et la non-considération des castes (dans une société où les castes ont toujours dominé). On n'essaie pas ici de convertir à quelque religion ou quelque idéologie que ce soit. On respecte la diversité des traditions et des cultures des occupants. C'est pourquoi ces derniers semblent faire bon ménage et s'entendre, au delà de leurs différences.

Les enfants des Cappuccino sont maintenant élevés et, pour la plupart, indépendants. Ils sont dispersés à travers l'Amérique du Nord et les Indes, où plusieurs travaillent dans les institutions fondées par leurs parents.

Lorsque je demandais récemment à Fred Cappuccino ce qu'il désirait pour ses enfants, il m'a répondu : «Bonnie et moi souhaitons qu'ils soient en bonne santé, heureux, indépendants et qu'ils trouvent une façon personnelle de servir l'humanité.»

Chers compatriotes, chers concitoyens et concitoyennes, puissions-nous être touchés et inspirés par semblable réponse.

La vie de ces deux personnalités marquantes a traduit tout au long des années leurs aspirations, leurs convictions, et le sens et l'orientation humanitaire qu'ils ont trouvés. Ils restent un exemple inspirant et motivant, même s'il n'est pas accessible à tous.

Lorsqu'on mentionne à Bonnie Cappuccino le mot « sacrifice» à propos de son style de vie, elle répond : «sacrifice est un mot que nous n'employons jamais.»

Si vous demandez à Fred, encore en activité, bien qu'il soit à l'âge de la retraite : «N'avez-vous pas le sentiment d'avoir fait assez? Cela valait-il la peine?» Il vous citera le poète Rabindranâth Tagore : «Laisse-moi allumer ma lampe, dit l'étoile, et ne te pose jamais la question de savoir si celle-ci pourra faire disparaître l'obscurité.»

Cher Monsieur,

J'ai ressenti une grande tristesse le jour où vous avez annoncé que le rideau allait tomber sur *Bouillon de culture.*

Je regretterai toujours de ne pas avoir eu le privilège de vous rencontrer. Si cette occasion m'avait été donnée, j'aurais pu vous exprimer ma reconnaissance de vive voix. Je vous aurais dit combien j'ai aimé les émissions que vous avez présentées, et que j'ai eu l'occasion de voir sur le petit écran au cours des vingt-cinq dernières années. Qu'il s'agisse d'*Apostrophes* ou de *Bouillon de culture,* peu importe, puisque vous seul avez été l'animateur de ces émissions télévisées devenues véritable institution.

Lorsque ces rencontres avec les écrivains débutaient tard le soir et que le sommeil me gagnait, il faut que vous sachiez qu'un petit miracle se produisait. Si je parvenais à en capter le début, comme on saisit les premières mesures d'une symphonie que l'on aime, une métamorphose s'opérait en moi. Instantanément, je me réveillais et me sentais disposée à passer une partie de la nuit à suivre un débat littéraire où on pensait, conversait et argumentait avec passion. L'idée de ce débat m'enthousiasmait. Votre bonhomie, votre ton enjoué et sérieux à la fois, la vitalité des échanges que vous provoquiez autour d'une légendaire table basse, faisaient le reste. Alors, seule éveillée de la maisonnée endormie, je m'abandonnais à la magie de l'émission. Je rencontrais virtuellement les Jean d'Ormesson, les John le Carré, les Max Gallo et les Jorge Semprun de ce monde, aussi bien que d'autres auteurs moins connus et fort intéressants. Les monstres sacrés de l'écriture se faisaient plus proches et plus familiers. Je n'avais qu'une hâte le lendemain, prolonger les conversations trop brèves de la veille. J'allais donc me procurer au plus vite le livre de l'auteur qui m'avait le plus attirée. Je partagerais avec lui un témoignage de vie et toute la dimension d'une culture qui attestait une appartenance commune.

Merci, Bernard Pivot.


Le mélange des invités aux personnalités originales, parfois opposées, n'empêchait aucunement les échanges d'égal à égal. Des auteurs étrangers ajoutaient une note enrichissante, surtout lorsqu'ils maîtrisaient la langue française. Tout cela me paraissait très stimulant, d'autant plus que j'avais le désir de mettre à exécution un propre projet d'écriture.

Tous ces écrivains ainsi réunis représentaient à mes yeux les nombreuses facettes de l'esprit d'une société ouverte, évoluée et vivante. Je me réjouissais de cet état de choses et j'étais en faveur de la démocratisation de la tradition littéraire, version Pivot. Je nageais dans un «bouillon de culture»! Oserais-je prétendre ici vous avoir soufflé à l'oreille le titre même d'une de vos émissions...

Il y eut aussi des rencontres en tête-à-tête, conduites au domicile des auteurs. En votre compagnie et celle du public, je pénétrais dans l'intimité de mes héros, écrivains célèbres. Ce fut le cas de Yourcenar, de Cohen, de Simenon et de bien d'autres. L'entretien avec Nobokov revêtit une dimension toute particulière, puisqu'il avait eu lieu à peine un an avant sa mort. Cet homme reste pour vous, je sais, un des dix grands écrivains du XX$^e$ siècle. Quant à Soljénitsyne, témoin à charge du communisme (*L'Archipel du goulag*), vous l'avez reçu à plusieurs occasions sur le plateau. Vous avez même transporté virtuellement les téléspectateurs dans sa résidence d'exil au Vermont où, à un moment donné, il vécut avec sa famille. Prophétiquement, à la fin de cette interview menée aux États-Unis, ce dernier vous avait dit : «J'ai en moi le sentiment, la conviction que je reviendrai vivant dans ma patrie.»

Vous étiez arrivé à créer sur le petit écran une authentique et inimaginable bibliothèque vivante... Vous y aviez invité des auteurs à devenir acteurs tandis que les spectateurs, eux, étaient le public à distance.
Quel exploit!
Merci, Bernard Pivot.

Votre technique de rencontre conviviale et spontanée correspondait sans doute à une manière d'être simple et naturelle, qui était la vôtre.
Votre nom restera synonyme d'émissions culturelles vivantes, enrichissantes, motivantes, qui racontaient à travers les livres et leurs auteurs les émotions, les passions et les interrogations d'une époque.

Si vous aviez bien réussi dans des genres littéraires tels que mémoires, biographies, romans et essais, par contre les policiers, la science-fiction et la poésie ne semblaient pas vous attirer. N'oublions pas qu'il vous fallait lire à fond tous les livres sur lesquels vous interrogiez vos invités, avant le jour de l'émission. Vous deviez également acquérir quelques notions biographiques concernant chacun d'entre eux. Cela représentait, avez-vous dit vous-même, dix heures de travail par jour. Est-ce à dire que le nombre de livres que vous aviez à parcourir annuellement était de l'ordre de plusieurs milliers? Sans doute... Être lecteur public a dû être épuisant à certains moments!
La bande dessinée non plus ne vous a pas attiré. Pour revenir à la poésie, peut-être la formule médiatique que vous

aviez créée ne convenait-elle pas à ce genre. Comment imaginer un poète essayant d'expliquer la signification de mots, de symboles ou de métaphores sous l'éclat de lumières aveuglantes et de chuchotements d'auteurs assis autour d'une table. Un tête-à-tête intime, tamisé par une lumière douce aurait, peut-être, mieux convenu à la sensibilité du poète.

Vous n'étiez pas apprécié de tous. On vous a reproché de porter les stigmates du journaliste. Pour certains, vous n'étiez pas assez intellectuel. De plus, vous ne jouissiez pas du statut de critique littéraire.

Pour d'autres, vous n'étiez qu'un courriériste. Vous n'étiez pas écrivain et n'aviez pas de titres universitaires.

Je me servirai de vos propres mots pour prendre votre défense, si vous permettez, et je me joindrai à vous lorsque vous dites que : «… toute maladroite, toute superficielle qu'elle est, la parole du libraire, du bibliothécaire, du bouche à oreille, du journaliste, de l'écrivain ne constitue-t-elle pas l'accès le plus commode et le plus efficace au texte?»

C'est certainement cette parole qui a fait naître et grandir chez le spectateur, fervent lecteur ou non, érudit ou moins cultivé, un sentiment de déférence à l'égard des livres et des auteurs. Cette parole a sûrement stimulé la curiosité d'un public qui a voulu désormais se tenir au courant de l'événement littéraire.

Merci, Bernard Pivot

Vous avez su combiner brio, humour et ouverture d'esprit. Votre plateau a été fréquenté par nombre d'écrivains étrangers. Les États-Uniens, en particulier, ont apprécié vos émissions, non seulement parce qu'ils espéraient être ainsi reconnus chez eux, mais aussi parce que vos rencontres ne faisaient jamais l'objet d'interruptions publicitaires fastidieuses comme dans leur pays.

Les magazines japonais, états-uniens, soviétiques, anglais, allemands, italiens, israéliens, espagnols vous ont consacré bien des articles et ont souligné le caractère et le succès uniques d'*Apostrophes* ou de *Bouillon de culture*.

Vous nous léguez donc, si je peux dire, «Un moment Pivot». Vous nous transmettez une démocratisation de la littérature et de la culture d'expression française. Vous apportez ainsi une contribution notoire à l'histoire culturelle de votre pays et de toute la francophonie contemporaine.

Merci, Bernard Pivot

À l'heure où l'informatique change notre style de vie et exige une présence assidue devant l'ordinateur, à l'heure où l'image et la haute technologie parlent plus fort que les lettres et les mots, que va-t-il advenir du livre et de la culture?

En ce qui concerne l'avenir du livre, tout dépendra sans doute de notre degré d'engouement pour la lecture.

Si nous sommes de grands lecteurs, quelles que soient nos occupations, notre passion restera intacte et nous continuerons à donner la priorité au livre.

Si nous sommes des lecteurs moins assidus, très préoccupés par une ascension de carrière, nous servirons mal la cause du livre. En consacrant la majeure partie de notre temps à améliorer notre rendement professionnel, nous reléguerons la lecture qui touche à la culture générale au second plan. «Pas le temps de lire»... rétorquerons-nous à tout bout de champ. Dans ce cas peut-être, abandonnerons-nous le livre traditionnel au profit du livre électronique. Celui-ci pourrait nous permettre d'accéder, sans perte de temps, à ce que j'appellerais «l'instalivre» par analogie avec l'instabanque. D'un seul clic, nous passerons d'une page à l'autre, d'un chapitre à l'autre, d'un livre à l'autre. Grâce à un ordinateur de poche, nous disposerons au creux de notre main d'une véritable bibliothèque... en plastique!

À la retraite, nous retrouverons avec bonheur l'esthétique du livre et l'authentique plaisir de lire. Par contre, nos petits-enfants, eux, seront peut-être devenus des adeptes du livre électronique.

Il se peut que nous appartenions à un troisième type de lecteur : le lecteur collectionneur. Dans ce cas, nous disposerons de plus de temps. Cela nous procurera la joie de rechercher *le* livre dont nous avons entendu parler, celui dont la couverture a sollicité notre regard ou encore celui que nous nous proposons d'acheter le jour suivant, au lancement de l'ouvrage d'un ami. Quelle que soit la motivation qui nous l'aura fait acquérir, de retour à la maison, nous irons le ranger religieusement sur les étagères de la bibliothèque du salon, aux côtés d'autres volumes de collection. Contrairement au grand lecteur, nous choisirons le moment propice pour le lire et le savourer pleinement. L'important, dans l'immédiat, sera de le posséder, le savoir là, tout près, à notre disposition. Ainsi, nous nous tiendrons au courant de l'événement littéraire et contribuerons à la survie du livre.

Si nous sommes jeunes, nous préférerons la bande dessinée ou la fiction. Une dernière catégorie de lecteurs sera celle d'un public qui ne s'intéresse pas du tout au livre et ne lit pas. Une émission de télévision bien menée et intéressante mettra peut-être, un jour, quelques-uns d'entre eux sur le chemin de la lecture.

Traditionnellement, on dit de quelqu'un qu'il est cultivé lorsqu'il a beaucoup lu. Si l'érudition correspond à un savoir approfondi et spécifique, la culture, pour sa part, relève de la connaissance générale. Cette conception humaniste qui a marqué un idéal d'éducation et prône « une tête bien faite plutôt qu'une tête bien pleine », est-elle encore valable à une époque où la superspécialisation et la technologie de pointe règnent en maîtres ?

Même s'il faut redéfinir la culture contemporaine en y intégrant les derniers acquis de la science et de la technologie, il n'en demeure pas moins que le livre reste la clef de voûte de la pensée, et souvent le point de départ de la conception et de la réalisation de toute chose.

C'est en effet le livre qui, en tout temps, nous donne accès aux idées et à la réflexion. C'est lui qui développe l'esprit critique et forme le raisonnement et le jugement. C'est lui qui confère l'expérience, parce qu'il est dépositaire de mémoire et d'histoire. Il demeure une composante indispensable

pour nous rappeler que les réalisations scientifiques ou technologiques d'aujourd'hui doivent s'intégrer raisonnablement
aux connaissances générales, pour ne pas dépasser l'entendement.

Le livre, ne serait-ce que par sa propre survie, devrait
nous le rappeler, et souligner que le caractère humain de
toute chose doit être respecté et demeurer au centre de nos
préoccupations et de nos réalisations à venir. Si nous sommes
conscients de ce critère, nous pourrons lutter contre un
danger de déshumanisation et de robotisation.

Bernard Pivot l'avait compris!

# IV

# ÉMERGENCE D'UNE CONSCIENCE
# HUMANITAIRE ET PLANÉTAIRE

Médecins sans frontières

Chers concitoyens, chères concitoyennes,

Si pour nous inciter à faire confiance à un avenir d'humanité j'ai proposé des exemples de modèles, il convient de rappeler ici l'existence d'un organisme remarquable : Médecins sans frontières (MSF).

Cet organisme, en effet, réunit à lui seul la quintessence de la compassion humaine et du droit humanitaire. Son objectif, qui est d'assurer la protection des populations vulnérables en cas de conflit, garantit conjointement le respect d'une mission médicale à travers le monde, indépendamment des pays et de l'organisation des Nations unies.

MSF œuvre en Afrique, en Australie, en Asie, en Europe et intervient auprès des réfugiés et des personnes déplacées aussi bien qu'auprès des personnes touchées par les guerres et les conflits mondiaux. Cette association qui assure les soins médicaux en cas de désastres naturels, offre également une aide à long terme aux pays dont les soins de santé sont insuffisants et crée des programmes de vaccination et des cliniques rurales.

Aujourd'hui, MSF est la plus grande organisation privée de secours médical d'urgence au monde et possède cinq centres opérationnels en Europe, et treize sections nationales sur le globe (dont une canadienne).

En ce début de troisième millénaire, cette association nous apparaît comme l'outil idéal pour dépasser et concrétiser les bons sentiments d'une conscience planétaire en marche. C'est précisément la croissance de cette dernière qui, par l'engagement individuel de chacun, assurera une continuité de société reconvertie et une éthique d'humanité.

Le droit « humanitaire » a été défini en 1949 par des conventions signées à Genève. Autrement dit, tout organisme qui exerce cette prérogative s'engage, en cas de conflit, à porter assistance et protection aux civils, aux malades, aux blessés et aux personnes privées de liberté parmi les populations menacées, quelles que soient ces dernières et peu importe les lieux. Il s'agit là d'un droit d'action qui peut être exercé librement auprès des victimes à qui on vient en aide.

Le rôle de protection de MSF, qui s'applique à la qualité des secours prodigués, est sous-tendu par une volonté de l'organisme de rendre compte du sort des populations secourues et de l'impact des secours apportés.

Le silence étant considéré comme meurtrier dans l'action humanitaire, l'organisation se doit de dénoncer les atteintes à la mission médicale et les crimes qui blessent la conscience humaine, face à des actes de purification ethnique (Bosnie), de génocide (Rwanda) ou de mutilations (Sierra Leone). L'organisation, toutefois, n'a pas le mandat de faire des enquêtes ou des rapports sur la violation des droits de la personne; sa responsabilité se limite à assister les populations menacées et à donner l'alerte au cours d'une action médicale prodiguée sur le terrain.

La mission médicale reste avant tout l'âme du droit humanitaire; elle jouit de libertés bien définies pour rechercher blessés et malades, pour assurer l'acheminement du matériel sanitaire et de l'équipement indispensable à la survie des populations, ainsi que le transport du personnel médical.

Pour permettre aux médecins de résister à un contexte de violence, l'éthique médicale a été promue au rang de règle de droit international obligatoire pour les belligérants.

Les secours apportés par MSF ne constituent pas une ingérence et ne sont pas considérés comme telle.

Comment est né cet organisme? En 1971, au cours de la guerre de sécession du Biafra, des médecins français recrutés par la Croix-Rouge française sont horrifiés par le génocide auquel ils assistent. C'est alors qu'ils décident de créer une organisation plus libre. La même année, deux groupes de médecins et journalistes fondent l'Association Médecins sans frontières, les uns venant du Biafra, les autres sous l'influence de la revue médicale *Tonus*; cette dernière avait lancé un appel aux médecins pour porter secours aux victimes d'inondations au Pakistan oriental.

Réseau international, MSF demeure un organisme privé, soutenu par des fonds de même nature. L'engagement de ses médecins est une démarche individuelle en accord avec le respect de la Charte à laquelle adhèrent tous les membres, qu'ils soient bénévoles ou salariés.

En plus de l'aide aux plus vulnérables dans le respect de la dignité, l'action de secourir doit rester impartiale et désintéressée, indépendante des états, de l'économie, des races, des religions, et être apolitique. Autonome, l'association est libre dans ses choix d'intervention.

Chers concitoyens, chères concitoyennes, l'étendue et l'ampleur des activités de cet organisme paraissent dans un rapport de l'an 2000 qui confirme son action humanitaire sur quatre continents et dans quatre-vingt-sept pays, en temps de paix aussi bien qu'en temps de guerre.

La reconnaissance de cet organisme modèle qui n'a plus à faire ses preuves, a été soulignée par la remise du Prix Nobel de la Paix, en 1999.

L'existence même d'une pareille association est le reflet d'une conscience humanitaire et planétaire en plein essor ainsi que d'une coresponsabilité de mégamonde. Le grand mérite de tels mouvements (on pourrait également citer ici Développement et Paix, Amnistie Internationale ou l'Association des chrétiens pour l'abolition de la torture) est de nous indiquer le sens, l'orientation sociale qu'il nous faut retrouver dans un monde où on se sent perdu et désorienté. C'est le non-sens qui constitue la menace.

Ma chère Léah[1],

En feuilletant un vieil album, j'ai retrouvé une photo où toi et moi plongeons dans l'écume des vagues de la Méditerranée. À l'arrière-plan, tes sœurs cadettes Esther et Fanny rient aux éclats en brandissant un énorme crabe écartelé. Un doux parfum d'enfance est alors venu m'envahir l'espace d'un instant mais, au même moment, tout le drame de ta vie brusquement a resurgi... La Gestapo, l'arrestation des tiens dans votre villa alors que tu étais miraculeusement absente, leur déportation à Drancy, et ton intolérable douleur après l'annonce de leur mort dans les chambres à gaz d'Auschwitz.

Les années ont passé, ton oncle et toi avez survécu. Ironie ou vengeance du sort, tu es devenue professeur d'histoire! J'ai si souvent pensé à toi... Après bien des recherches, j'ai pu obtenir une adresse, mais ce n'était pas la bonne, et les lettres que je t'avais envoyées me sont revenues. C'est par Blanche, rencontrée par hasard chez des amis communs sur la côte où je me trouvais, que j'ai eu récemment ton

---

1. Chronologiquement, cette lettre précède celle intitulée *Le zapping* (pages 43 et suiv.)

adresse. Je sais maintenant que tu vas bien, et je suis heureuse à l'idée de pouvoir communiquer enfin avec toi en attendant d'aller, peut-être, te voir à Paris.

Quant à moi, je demeure active en dépit de la retraite. J'écris un recueil de lettres ouvertes portant sur certains sujets urgents en ce début de siècle. Poussée par des valeurs humanitaires qui me sont chères et, peut-être aussi par notre amitié de toujours, j'éprouve le besoin de transcrire dans la présente mes réflexions sur les grandes injustices de l'histoire. Celles-ci, qu'elles relèvent du racisme, de génocides tels que l'Holocauste dont ta famille et toi avez été victimes, ou encore de la confiscation des terres autochtones, toutes sont criminelles. Elles doivent, à mon avis, être dénoncées de nouveau à l'orée de ce troisième millénaire.

Accepterais-tu de participer à mon projet d'écriture? Il s'agirait pour toi de répondre brièvement aux questions que je vais d'ores et déjà te soumettre, comme s'il s'agissait d'un simple entretien. Tes commentaires me seraient de grande valeur et pourraient éventuellement être publiés.

Selon toi, Léah, peut-on parler aujourd'hui d'une culpabilité des nations, comme l'a écrit l'historien contemporain Elazar Barkan. Devons-nous endosser les fautes commises par les générations passées?

Si la réponse est oui, pourquoi cette notion de culpabilité n'est-elle pas alors endossée par tous les pays concernés?

Crois-tu qu'il soit possible de corriger les injustices de l'histoire par la seule restitution des biens ou par des compensations financières?

Parmi tous les groupes actuels qui revendiquent justice, comment établir, d'après toi, le bien-fondé de leurs demandes?

D'une manière générale, comment crois-tu qu'on puisse agir pour «réparer» des actions qui, aujourd'hui criminelles à nos yeux, semblaient normales dans le passé?

C'est à toi Léah, qui connais les faits historiques, à toi Léah qui as le recul dans le temps et qui as vécu une de ces terribles injustices, que je fais appel pour répondre à ces questions.

Cet entretien épistolaire, vois-tu, me rapproche beaucoup de toi et me rappelle le bon vieux temps où nous discutions des soirées entières sur nos idées de changer le monde. T'en souviens-tu?

*

Bien chère amie de toujours,

Quelle surprise et quelle joie de recevoir ta lettre! Tu ne peux savoir à quel point je suis heureuse. Je n'y croyais plus... J'avais eu, à plusieurs reprises, de tes nouvelles par Blanche, mais elle n'avait jamais pu me donner ton adresse à Ottawa. Tu as raison, les souvenirs de jeunesse sont indélébiles. Moi aussi, j'ai beaucoup pensé à toi et à tout ce que ta famille a fait pour moi.

Tu sais certainement que j'ai toujours évité de parler du passé, sans doute inconsciemment, pour me protéger et ne pas rouvrir les blessures anciennes. Cependant, rassure toi, discuter sur le sujet que tu me proposes aujourd'hui ne m'affectera pas, au contraire. Je connais les valeurs qui t'animent et celles qui ont fait de ta famille ce qu'elle était. Avant de répondre à tes questions, il faut toutefois dire qu'il est difficile de juger en dehors d'un contexte d'époque. Le monde a changé, la société, la moralité et les comportements aussi. Juger le passé au présent, surtout quand on connait la suite, peut entraîner une certaine déformation des faits. Cette réserve dite, c'est volontiers que je te donnerai mon point de vue.

Peut-on parler aujourd'hui d'une culpabilité des nations? Devons-nous endosser les fautes commises par les générations passées?

Oui, absolument, nous devons désormais assumer une responsabilité morale vis-à-vis des générations passées. D'une part, nous avons le recul nécessaire pour juger des conséquences de leurs fautes, d'autre part, nous sommes leur prolongement dans la chair et dans le temps; on peut donc parler aujourd'hui d'une culpabilité des nations. Il faut toutefois bien comprendre le sens de ce nouveau concept. La culpabilité reconnue et admise s'accompagnera obligatoirement d'une reconnaissance officielle des injustices et des crimes commis, et sera suivie d'explications. De plus, les nations coupables auront à présenter des excuses; cela est très important. Elles ne se contenteront pas de formuler de vagues regrets, elles demanderont un pardon crédible et sincère à ceux qui sont morts à cause de leurs fautes, aussi bien qu'à ceux qui ont survécu et à leurs descendants.

Cette notion de culpabilité cependant n'est pas acceptée par tous les pays concernés. Pourquoi? Sans doute, parce que cette nouvelle façon d'admettre les fautes du passé force les pays en cause à s'excuser auprès de leurs victimes et à consentir des dédommagements matériels; or, l'histoire prend un caractère de plus en plus politique, comme on le sait, et elle n'appartient plus désormais à un passé auquel on ne pouvait rien changer. Les nations coupables ont donc l'option désormais de se refaire une beauté historique en s'achetant un passé plus «correct» et plus acceptable aux yeux de tous. Comment? En allouant des compensations financières et en restituant les biens confisqués.

Tu me demandes s'il est possible de corriger les injustices de l'histoire par la seule restitution des biens et des compensations monétaires? Ma réponse sera catégorique :
Non, absolument pas. On ne pourra jamais effacer l'horreur d'une Shoa. Contrairement à ce que certains ont prétendu et prétendent encore, l'Holocauste a réellement existé et a malheureusement pris sa place dans l'histoire. Outre six millions de juifs, un million d'autres êtres humains, communistes, résistants, partisans politiques, homosexuels et handicapés, ont été assassinés par les nazis. L'argent ne

rachètera jamais la perte de la dignité humaine, les souffrances physiques ou morales, les tortures et l'éradication finale et monstrueuse de vies d'hommes, de femmes et d'enfants. N'oublions pas, de plus, les traumatismes psychologiques infligés aux survivants et aux descendants des victimes. En fait, ces façons de «réparer» et «corriger» les atrocités du passé ne peuvent constituer qu'une sorte de réparation purement symbolique pour effacer les injustices et les crimes commis.

L'Allemagne, à cet égard, reste le pays qui a versé le plus gros dédommagement «symbolique». La somme qui a été remise aux survivants de l'Holocauste et qui s'élève à des milliards, reste cependant minime si on met cette dernière en balance avec les souffrances et les pertes subies par les victimes.

Ceci dit, il faut avouer que ce traité sur la compensation de l'Allemagne envers les juifs demeure malgré tout un modèle, c'est vrai. Pourquoi? Tout simplement parce que cet accord a été signé sans aucune intervention extérieure.

Comment établir le bien-fondé des revendications parmi les nombreux groupes qui réclament justice maintenant? Aucune réclamation ne peut être considérée valable si elle n'a pas été, au préalable, secondée par l'opinion publique, soutient Barkan. Il a raison. À cet effet, il mentionne que lorsque le Congrès juif mondial a réclamé la restitution de l'argent déposé par les juifs allemands en Suisse, justice n'a pu être rendue avant que le peuple suisse ait admis avoir trahi sa neutralité affichée.

Il est certain que, vu le nombre croissant de groupes qui existent à l'heure actuelle et réclament des compensations, les organismes internationaux auront fort à faire dans l'avenir et devront rester actifs autant que vigilants.

Les autochtones, eux aussi, ont été très touchés par les injustices historiques, comme tu l'as mentionné au début de ta lettre. On pensait en effet, dans le passé, que les indigènes étaient des êtres inférieurs et qu'il fallait les assimiler. Ton pays d'adoption, le Canada, chère amie, est à citer en exemple à ce propos pour la création récente du territoire du Nunavut accordé aux Inuits.

J'espère avoir répondu de mon mieux à tes questions et à tes attentes. Je te remercie de m'avoir permis de m'exprimer sur des sujets aussi graves et qui me tiennent plus que jamais à cœur. À mon stade de vie, je me sens responsable de transmettre un témoignage authentique à la fois d'historienne et de victime d'une grande injustice du passé.
J'aimerais tellement te revoir,
Ton amie de toujours,
Léah

*

Ma chère Léah,

Je te suis très reconnaissante d'avoir accepté de participer si spontanément à mon projet littéraire. Merci pour l'authenticité, le professionnalisme et la sensibilité de tes réponses et de ton témoignage.
J'ajouterais que, sans vouloir minimiser de grandes injustices de l'histoire et les crimes commis par les générations précédentes, il faut s'efforcer de faire preuve envers et contre tout d'une certaine compréhension vis-à-vis du passé. Comme tu l'as si bien mentionné, une évolution de la morale s'est faite au cours des ans et des générations, le monde et la société ont changé, ainsi que les mentalités.
Dans un univers en mutation, nous nous dirigeons vers une structure de mégamonde où l'ouverture à autrui et à l'humanitaire prend de plus en plus de place. Les droits de la personne sont devenus la clef de voûte d'une société en pleine évolution et, disons-le, en bonne marche, malgré tout. Nous allons donc, en dépit de grands désordres sociaux,

dans la bonne direction. Il faudra constamment lutter, rester aux aguets à cause de l'essor fulgurant de sciences telles que la génétique et face aux nouvelles supertechnologies qui se multiplient.

Une chose certaine cependant : en tant que nations, nous nous sentons désormais responsables des injustices et des crimes commis par les générations qui nous ont précédés. Nous sommes désormais capables de reconnaître nos torts et prêts à en assumer les conséquences. Une éthique de vingt et unième siècle est née, progrès qui nous permet un certain optimisme motivant.

# V

## NOUVEAU REGARD
## SUR DES RÉALITÉS PRESSANTES

L'eugénisme
Manipulations génétiques, enjeux


$C$her ami,

Ces temps-ci, il est souvent question dans les médias de génétique, d'ADN, de bioéthique ou encore d'eugénisme. Ces termes, on le sait, ont tous un lien commun : l'hérédité. Si la génétique étudie spécifiquement les gènes situés sur les chromosomes constitués d'ADN, la bioéthique, elle, touche aux conséquences morales de l'application de cette science. L'eugénisme, par contre, est plus difficile à concevoir et à définir. C'est donc à vous, qui consacrez votre temps à la recherche biologique, que j'ai fait appel pour m'éclairer sur cette discipline.

Comme suite à ma requête, vous avez eu la gentillesse de me faire parvenir une documentation précieuse sur le sujet. Je vous en suis très reconnaissante. Ce que j'ai lu m'a à la fois instruite et sidérée. J'ai été amenée à conclure que nous vivions une époque aussi fascinante que terrifiante. Désireuse de vulgariser mes acquis et d'en faire bénéficier tous ceux qui, comme moi, sont concernés par les dangers et les enjeux de l'eugénisme, je leur adresse aujourd'hui cette lettre :

Chers concitoyens, chères concitoyennes,

Sachez, chers amis, qu'il est urgent pour nous tous de nous sensibiliser et de nous intéresser aux manipulations génétiques, à leurs dangers aussi bien qu'à leurs effets bénéfiques. De telles pratiques, en effet, pourraient avoir de très graves conséquences pour l'espèce humaine si nous choisissions de les ignorer et si nous n'étions pas prêts dès maintenant à exercer sur elles un contrôle sévère et suivi. Les terribles dérapages d'un passé encore proche doivent nous inciter à rester sur nos gardes. C'est, en effet, dans l'eugénisme que s'est enracinée l'horreur d'une shoa. Cet holocauste, ne l'oublions pas, a été promu par d'éminents scientifiques de l'époque, lesquels, après avoir été endoctrinés, ont voulu recourir à la biologie appliquée au nom d'une idéologie virulente.

L'eugénisme est avant tout une invention de fin de XIX$^e$ siècle, conçue comme une science visant à améliorer le patrimoine héréditaire. Au départ, il s'agissait là d'un projet sociopolitique avantageant les lignées les plus favorisées et les mieux adaptées aux dépens des lignées inaptes. Comment? Tout simplement en empêchant alcooliques, indigents, inadaptés sociaux de concevoir des descendants, et en voulant instituer une réserve humaine «adéquate» selon les vues du temps. Personne aujourd'hui n'endosserait plus pareille forme d'eugénisme.

J'aimerais mentionner qu'aux États-Unis, entre 1907 et 1940, cinquante mille personnes furent stérilisées. Dans les pays nordiques, entre 1935 et 1949, le même sort fut imposé à vingt mille individus. La Suisse, le Canada, l'Allemagne ont également adopté des lois eugéniques semblables. La France vit, elle aussi, plusieurs de ses personnalités adhérer à ces idées.

Aujourd'hui, on distingue deux types d'eugénisme, l'un dit «positif», l'autre «négatif», bien que la frontière entre les deux ne soit pas toujours nettement déterminée. Dans son ensemble, cette « science » se définit comme l'étude et la mise en œuvre des moyens d'améliorer l'espèce humaine.

La forme positive cherche à éliminer les gènes responsables de certaines maladies dites « à prédisposition génétique » par le génie génétique[1].

La forme négative tend à éliminer certaines caractéristiques héréditaires indésirables et responsables de maladies héréditaires. Pour ce faire, on a recours à deux pratiques essentielles : la stérilisation de personnes déficientes mentales ou « hors normes », et l'avortement sélectif. Toute intervention dans les choix procréatifs est considérée comme une forme d'eugénisme négatif. Si cette dernière est appliquée à des populations entières, nous aboutissons alors au concept de génocide. Les noms d'Arménie et de Rwanda résonnent toujours très fort à nos oreilles et soulignent ainsi l'urgence du sujet.

À l'époque des produits transgéniques (Organismes Génétiquement Modifiés), on a souvent l'impression que l'être humain peut être considéré comme une denrée dont on aimerait améliorer la productivité, indépendamment de la longévité. Le dopage des athlètes en est un bon exemple, bien qu'il ne s'agisse pas là de manipulations génétiques. À mesure qu'on fait reculer les limites de l'inconnu, la tentation de manipuler les gènes dans le but d'améliorer l'espèce humaine devient de plus en plus pressante, et ainsi de plus en plus dangereuse et de moins en moins contrôlable.

Si nous considérons la politique de santé actuelle de la Chine préconisant la famille « mono-enfantale garçon », avec les mesures que cela implique, nous sommes indignés. Nous sommes également outrés d'apprendre que certains groupes de Grecs ou de Juifs orthodoxes refusent la bénédiction

---

1. L'élimination de ces gènes indésirables aura des conséquences positives en effet, et permettra de prévenir des maladies telles que l'alzheimer, le parkinsonisme et la fibrose kystique.

nuptiale aux futurs époux, si ces derniers n'acceptent pas de se soumettre à certains tests génétiques de dépistage de maladies héréditaires. Nous sommes offusqués devant les milliers d'avortements pratiqués en Inde, sur simple révélation du sexe de l'enfant à l'échographie. Et, pourtant, si nous considérons nos techniques de fertilisation et de contrôle prénatal actuelles dans nos sociétés occidentales, nous devons admettre que nous tendons vers l'eugénisme.

Dans les dernières décennies, en effet, l'accélération des progrès de la biologie a été telle, qu'après être parvenus à contrôler les naissances, nous voulons décider maintenant de la «qualité» de l'enfant à mettre au monde. Certains tests génétiques ont soudain dicté à des parents sains, porteurs de maladies héréditaires, de ne pas concevoir. L'échographie et l'amniocentèse[2], qui permettent de détecter les malformations congénitales du fœtus, ont conduit à recourir à l'avortement sélectif. Le progrès continuant son ascension inéluctable dans le domaine de la biologie, on est en train de voir tomber le dernier obstacle : l'avortement sélectif. Celui-ci ne sera en fait plus nécessaire puisque la science désormais pourra prévoir comment sera l'enfant avant qu'il soit mis au monde... ou même conçu.

Plus nous progressons, plus nous nous rapprochons de l'eugénisme... Dans les cliniques d'infertilité, lorsqu'on procède à l'insémination artificielle (avec donneur) et dans la fécondation *in vitro,* on contrôle les caractères héréditaires avant même qu'il y ait fécondation. Si ces techniques devaient être appliquées à des couples normaux (non porteurs de maladies héréditaires), nous aboutirions à une sorte de commande de bébé «par catalogue». La taille, la couleur des cheveux ou des yeux et pourquoi pas le quotient intellectuel de l'enfant, pourraient être choisis et déterminés d'avance selon le choix des parents! En fait, semble-t-il, il

---

2. L'amniocentèse consiste en un prélèvement du liquide amniotique, et permet de détecter les anomalies fœtales.

existe des cliniques qui exploitent déjà de telles orientations en Californie.

Vertige étourdissant pour l'humain qui, d'apprenti sorcier, devient un dieu du jour au lendemain...

On se retrouve ainsi au haut d'une pente très glissante et insidieuse. Cette perspective est terrifiante! Tout va trop vite. On n'a plus le temps de s'adapter ou même de penser.

La bioéthique aura fort à faire, le danger de déraper demeurant à tout instant.

Cependant, à côté de ces dangers existe la perspective de grands bienfaits. On a déjà isolé les gènes de plusieurs centaines de maladies héritées de l'un ou l'autre des parents. On a également découvert des maladies dites «à prédisposition génétique» telles que l'obésité, l'alcoolisme, la schizophrénie, le diabète, la sclérose en plaques ou certains cancers à devenir possible mais non certain.

La découverte accélérée de gènes caractérisant jusqu'ici des maladies non traitables est aussi en bonne marche. En outre, les généticiens sont en train de dresser le génome humain. Ici, nous touchons à l'eugénisme positif proprement dit, qui est porteur de grands espoirs. On peut, en effet, s'attendre à des résultats spectaculaires dans le domaine médical concernant l'établissement de diagnostics difficiles à poser jusqu'ici, et de traitements devenus désormais possibles.

Cette forme positive d'eugénisme donnera un nouvel essor à l'industrie pharmaceutique avec la production de nouveaux médicaments, de nouveaux antibiotiques et de nouveaux vaccins.

L'agriculture se trouvera revalorisée après un certain recul, malgré une réticence de la part des consommateurs à l'égard des OGM L'industrie alimentaire, grâce à des manipulations génétiques sécuritaires, pourra améliorer la valeur nutritionnelle de certaines denrées et lutter contre la famine dans le monde.

L'environnement sera également avantagé par la création de nouvelles bactéries permettant la dégradation de produits actuellement non dégradables et toxiques pour les êtres vivants.

Il est difficile de conclure à propos d'un sujet aussi vaste, aussi spécialisé et controversé. L'important, je crois, est plutôt d'être mis au courant et de porter un nouveau regard sur les manipulations génétiques et leur place dans le monde actuel et celui à venir. La connaissance est l'outil essentiel pour saisir les dangers aussi bien que les perspectives d'avenir positives à envisager. L'inquiétude et la peur que nous ressentons à l'idée de tels changements résident peut-être moins dans les changements eux-mêmes d'un monde en pleine évolution, que dans l'accélération continue d'un progrès qui va trop vite et, par là même, nous écrase et nous dépasse.

Selon Bergson, l'intelligence est la faculté d'adaptation; cependant, s'adapter nécessite toujours une période de transition, dont nous ne disposons pas.

Si beaucoup de gènes humains venaient à être manipulés ou remplacés, et si de nouveaux étaient surajoutés à notre génome, qu'adviendrait-il de l'identité collective de notre espèce, et surtout de l'individualité propre de chacun?

Thomas Huxley a dit : «Toute civilisation constitue une protestation à l'égard de la nature, le progrès exige que nous contrôlions l'Évolution.» Peut-être... mais alors, jusqu'où peut-on aller?

Ma chère Leah,

Depuis notre entretien sur la culpabilité des nations, je m'étais promis d'avoir avec toi d'autres échanges de vue. La perte des repères anciens, la complexité du monde actuel, et surtout les débordements médiatiques, sont autant de sujets sur lesquels je voulais avoir ton avis.

À propos des repères anciens, toi et moi avons déjà exprimé un sentiment commun de désorientation et de confusion face à certains choix à faire et à certaines décisions à prendre. Et, puisque nous ne sommes plus en mesure de nous référer à une hiérarchie parentale, scolaire, religieuse ou même politique, il nous faut admettre que nous ne savons plus très bien où nous allons.

Tu as raison, Léah, aucune autorité, aucun maître ne semble vouloir sortir des rangs pour «repenser» ce monde chaotique et imprévisible dans lequel nous vivons.

Cela ne traduit-il pas, à ton avis, les réactions d'un humain dépassé par une évolution trop accélérée et qui déroute?

Le monde est, en effet, devenu complexe et imprévisible. Si, comme certains le pensent, ce dernier est désormais régi par une causalité circulaire et non plus linéaire, lorsqu'un événement inattendu se produit, il faut s'attendre à ce que nous en soyons tous affectés. Chaque élément et chaque partie qui constitue le cercle et qui nous représente, conduit donc à une mutation d'ensemble qu'il est impossible de prévoir. C'est ainsi que s'expliqueraient les réalités sociales de coexistence ou de conflit entre l'ordre et le désordre que nous connaissons aujourd'hui.

Je crois que tu seras d'accord avec moi, Léah : il est souhaitable, dans une démocratie moderne, de voir les citoyens s'exprimer, réagir et s'engager. Ces mêmes citoyens devront être mis au courant des événements qui se déroulent aussi bien chez eux qu'ailleurs sur la planète. La principale source d'information demeurant les médias, nous sommes tenus de souligner le rôle primordial que jouent ces derniers lorsqu'ils nous assurent un lien indispensable de communication avec le monde extérieur.

C'est, en effet, souvent après lecture d'un quotidien ou après avoir suivi un reportage sur le petit écran, que nous saisissons le réel d'un événement et l'intérêt qu'il suscite pour nous. Nos prises de position et nos engagements ultérieurs sont alors conditionnés par les données des médias.

Je ne sais si tu penses comme moi, mais il me semble qu'un public bien informé est porteur de justice, et en dénonçant les faiblesses et les travers de cette institution démocratique – je parle des médias – nous pourrons continuer à améliorer la conjoncture sociale.

Or, qui d'autre, Léah, est mieux placé que le journaliste lui-même pour contribuer à cette mission? Honnête et courageux, il servira les citoyens en recherchant la vérité et en la leur exposant. Il rendra compte des faits en les situant dans leur contexte original, sans les fausser ni les simplifier, pour ne pas en altérer la compréhension. Il s'efforcera de ne pas se montrer tendancieux, quelles que soient ses opinions. Le public a droit à l'information, oui, mais cette dernière doit lui être transmise de manière objective pour qu'il puisse s'en faire une idée juste. L'intégrité du journaliste garantira donc la crédibilité du média.

Outre son impartialité, le reporteur devra faire preuve de sensibilité, de tact, et de respect pour la vie privée des gens. Rappelons-nous le drame de la mort de la princesse Diana.

Conscient de l'ascendant qu'il exerce sur l'opinion publique, celui qui informe ne devra pas outrepasser son pouvoir. Cette puissance qu'il détient est une arme à deux tranchants qui peut entraîner des débordements médiatiques et conduire des citoyens de bonne foi à faire fausse route, individuellement ou collectivement. La panique créée en Europe à propos de la maladie de Creutzfeld-Jacob (maladie de la vache folle), le prouve.

Chère Léah, il est temps de te céder la plume. Auparavant, j'aimerais citer un exemple qui me semble approprié concernant la démesure des médias et ses effets.

Il existe aux États-Unis, sais-tu Léah, une émission hebdomadaire télévisée qui s'intitule *60 Minutes*, bien connue des téléspectateurs états-uniens et canadiens, où l'on présente des interviews et des commentaires sur certains événements ou sujets d'actualité d'importance. Le premier avril 2001, on y exposait le cas fort intéressant d'un médecin de l'Ouest des États-Unis, accusé et condamné à la prison pour malhonnêteté et grave faute d'éthique professionnelle.

Omnipraticien peu connu et sans formation particulière dans le domaine de la recherche médicale, ce dernier avait été approché par une compagnie pharmaceutique pour conduire les essais cliniques d'un médicament prêt à être mis sur le marché. Ce médecin devait administrer le produit à des patients pendant un temps donné, puis faire un rapport sur les effets observés. Un consentement signé de la main des patients était exigé, comme la règle l'impose.

Ceci est pratique courante dans l'industrie pharmaceutique pour tout médicament nouveau destiné au public.

En général, à propos des médicaments, la compagnie pharmaceutique finance les essais. Or, dans ce cas particulier, l'omnipraticien avait reçu de la compagnie un chèque de la coquette somme de cinquante mille dollars! De plus, il ressortait de l'enquête menée par la suite qu'il n'avait jamais été clairement établi si les patients avaient signé ou non un consentement; ceci laisserait croire que ces derniers ignoraient, peut-être, qu'il s'agissait là d'un médicament encore expérimental...

Enfin, ledit médecin avait «gonflé» les chiffres des résultats cliniques, sans doute pour plaire à une entreprise aussi généreuse à son égard.

Il n'est pas question ici de contester le bien-fondé de l'accusation portée contre ce médecin «verreux» désormais en prison, et rayé depuis de l'Ordre des médecins. Sans doute, penses-tu comme moi, Léah, qu'il était impérieux de dénoncer pareille corruption à la télévision, d'autant plus qu'il s'agissait du domaine de la santé. Je suis entièrement d'accord. Cependant, il y a eu là débordement médiatique, parce qu'au cours du débat télévisé, on a mis l'accent sur le mal commis par le médecin, sans vraiment situer le sujet de corruption ou de manque d'éthique médicale dans un contexte d'ensemble indispensable. La conclusion qui s'imposait n'a jamais été prononcée : «Cher public, vous êtes maintenant averti que cela se passe, c'est un fait, oui mais...» il n'y a pas eu de «mais...» ni de débat à proprement parler, ni d'échanges de points de vue; une telle dénonciation faite sans étendre le sujet et sans discussion, malheureusement peut confondre et amener les téléspectateurs à généraliser. Faut-il détruire la confiance du public et l'affoler pour mieux l'instruire? En matière de santé, cela me paraît dangereux et irresponsable.

Pourquoi vouloir choquer et accuser, en laissant sous-entendre qu'il ne s'agit certainement pas là d'un cas unique... Pour se faire entendre, fallait-il présenter les faits sous un jour tendancieux?

Les quelques lignes qui suivent sont dédiées à l'émission états-unienne *60 Minutes* ainsi qu'aux téléspectateurs qui l'ont suivie le 1er avril 2001 :

Des centaines d'essais cliniques semblables se font à longueur d'année. Des chercheurs qualifiés et honnêtes travaillent tous les jours à des projets de recherche et soumettent constamment leurs résultats à des comités d'éthique qui les acceptent, les refusent ou exigent des révisions. Il s'agit là d'une marche continue dans un domaine scientifique qui conduit à la découverte et à l'emploi de médicaments non seulement pour soulager la douleur humaine, mais surtout pour soigner et même guérir de graves maladies.

Léah, pardonne-moi d'avoir gardé la plume si longtemps...
Avec ma sincère amitié,

P.S. Hier, en allant visiter une exposition d'artisanat, j'ai acheté une petite outarde sculptée, à ton intention. Ces oies de l'Est canadien, qui volent en dessinant un V dans le ciel d'automne pour aller chercher dans le sud une température plus clémente, sont très chères à mon cœur. Que celle que je vais t'envoyer t'apporte mon amitié et me rapproche de toi.

*

Très chère amie,

Merci infiniment pour la magnifique outarde que, ce matin, j'ai reçue par avion. Tu as fait des folies... Elle est très élégante. Sa mentonnière blanche rehausse la grâce et la beauté de son long cou noir ébène. Je l'ai placée devant moi sur mon bureau. Elle a déjà trouvé son coin de chaleur à mes côtés.

En te lisant, j'ai eu l'impression de relire ce que moi-même j'aurais pu écrire. Je poursuivrai donc notre entretien sans autre préambule ni transition, et te donnerai mon point de vue sur les débordements médiatiques.

Parce qu'à deux anciennes maladies, comme la fièvre aphteuse et la tremblante du mouton, vient de s'ajouter une nouvelle affection transmissible à l'homme, celle de la vache folle, faut-il céder à une psychose déclenchée par les médias? Faut-il bannir pour autant de nos assiettes la viande de bœuf? C'est ce qui se passe maintenant chez nous, ici en Europe. Comme tu l'as dit, l'opinion publique a tellement subi le marteau-pilon de la presse, de certains groupes et de la télévision, que rares sont ceux qui, désormais, consomment volontiers cette viande. Ceux qui, moins influencés, se sont efforcés de penser par eux-mêmes après s'être documentés, trouvent néanmoins difficile de continuer à manger du bœuf sans arrière-pensée. Les images de bêtes atteintes de convulsions spectaculaires et se tordant à terre, hantent encore les esprits. Étant donné l'évaluation scientifique, sachant que cette maladie peut ne se déclarer chez l'humain que vingt ou trente ans après l'avoir contractée, et vu les contrôles très stricts sur le bœuf, faut-il continuer à céder à la panique médiatique?

Cet esprit de méfiance excessive, cette hystérie des précautions, cette pratique du négativisme et du harcèlement à tout prix que nous venons de dénoncer toi et moi, existe aussi en politique, et dans l'ensemble de la société. Je ne peux m'empêcher de penser au martèlement vertueux mais obsessif de la pédophilie. Tous les gestes de tendresse et d'affection prodigués aux enfants, toutes les caresses et les cajoleries que ces derniers inspirent, sont-ils obligatoirement de nature perverse?

Il est certain que notre conscience collective doit condamner ce qui est condamnable, notamment le viol qu'il soit le fait du Serbe de Srebenica ou du pédophile pris en flagrant délit au milieu des jeunes dont il a la charge. Cependant, soyons prudents, les condamnations fondées sur des rumeurs, des généralisations ou un certain racisme manquent d'objectivité et sont sans valeur.

Chère amie, je déclare notre présent débat terminé et je propose, comme prochain sujet, les organismes génétiquement modifiés! Qu'en penses-tu? J'aimerais personnellement être mieux renseignée à ce propos; tout le monde en parle, mais personne ne semble réellement savoir ce dont il s'agit.

Toi et moi n'avons pas vieilli, chère Yvette, c'est merveilleux. Nous en sommes toujours à vouloir réformer le monde! Je te sais plus optimiste que moi... et je t'envie. Quoi qu'il en soit, je respecte beaucoup ton opinion et je trouve nos échanges épistolaires stimulants et valorisants.

Chère Léah,

Tu as manifesté le désir d'échanger nos idées sur un sujet des plus sérieux et des plus controversés à l'heure actuelle : les organismes génétiquement modifiés (OGM). Comme tu l'as souligné, beaucoup de gens discourent sur ces derniers, mais rares sont ceux qui savent exactement ce qu'ils sont et pourquoi les biotechnologues caressent de grands projets les concernant. Ce sont ces spécialistes qui, en effet, savent comment mettre en œuvre organismes vivants et enzymes, pour réaliser des transformations utiles en chimie, en pharmacie et en agroalimentaire. Cependant, malgré leur compétence, même eux ignorent encore les effets à long terme de ces produits sur les humains, et quel sera leur avenir.

Quoi qu'il en soit, pour bien saisir la portée des transgéniques (OGM) et leurs enjeux, il faut être au courant de ce qu'ils représentent. Or cela, Léah, n'est pas chose facile, parce que le génie génétique reste une discipline complexe qui requiert, pour la comprendre, un minimum de connaissances scientifiques malgré tout très spécialisées. De plus, n'ayant jamais été clairement identifiés ni étiquetés jusqu'ici, ces produits revêtent un côté science-fiction. Leurs détracteurs les ont d'ailleurs baptisés «aliments Frankenstein».

Un OGM, en bref, est un organisme (plante, animal, bactérie, virus) dans lequel on a introduit un ou plusieurs gènes, soit inconnus de l'espèce à laquelle appartient l'organisme, soit appartenant à l'espèce mais ayant subi des manipulations génétiques.

Les gènes, on le sait, sont constitués d'ADN (Acide DésoxyriboNucléique) et, une fois introduits dans un organisme, ils sont transmis à la descendance.

Prenons l'exemple de deux tomates : l'une ordinaire, l'autre génétiquement modifiée. En quoi la seconde diffère-t-elle de la première? Elle contiendra un peu plus d'ADN (provenant d'un ou plusieurs gènes d'une autre espèce que la sienne), et une ou plusieurs protéines supplémentaires (fabriquées à partir de nouveaux gènes). La tomate génétiquement modifiée n'a donc plus la même composition génétique que l'organisme de départ.

Pourquoi, me diras-tu, voudrait-on modifier génétiquement ce fruit? Si tu avais posé cette question il y a deux ou trois ans à un agriculteur, sans doute t'aurait-il répondu : «Moi, j'aimerais que mes tomates résistent au gel!» Si tu avais interrogé une diététicienne s'intéressant à la recherche agroalimentaire, elle t'aurait dit : «Puisqu'on sait que le lycopène (pigment rouge de la tomate) fait baisser l'incidence des maladies cardiaques et de certains cancers, pourquoi ne pas profiter de la biotechnique pour augmenter artificiellement la teneur de ce pigment dans la tomate?»

Aujourd'hui, en introduisant des gènes de poisson (!), oui tu as bien lu, des gènes de poisson dans une tomate ordinaire, les biotechnologues ont exaucé les désirs de l'agriculteur aussi bien que ceux de la diététicienne... J'ignore toutefois si la tomate, ainsi génétiquement modifiée, a conservé la beauté de ses contours, la douceur de sa peau et son parfum naturel. De plus, sais-tu, je me suis demandé où je devrais acheter pareil fruit. Partirais-je à la recherche d'une tomate nantie d'écailles argentées aux étalages des maraîchers, ou devrais-je consulter les arrivages de mon poissonnier? Enfin, sous quelle dénomination faudrait-il chercher cette exclusivité? «tomate poissonnière» ou «poisson à l'arôme de tomate»?

Sans doute, dans un prochain avenir fabriquera-t-on des aliments «sur mesure» comme du lait sans lactose ou des noix débarrassées de leurs protéines allergènes. On arrivera même peut-être jusqu'à produire des bananes si riches en fibres bienfaisantes que les amateurs de ce fruit, victimes de leur gourmandise et oubliant la rigidité de la fibre, risqueront de s'étouffer en les consommant!

Trêve de plaisanterie, j'aimerais te citer un autre exemple positif de la biotechnologie. Il existe au Québec une pomme de terre répertoriée «Superior leaf». « Cett' patate-là, clamait récemment un jeune agriculteur plein d'enthousiasme, croyez-moi, ça vaut de l'or! Une fois génétiquement modifiée, elle résiste à une vilaine bibite du nom de doryphore qui l'aime au point de vouloir constamment la dévorer... Un seul p'tit gène de bactérie introduit dans la pomme de terre et la v'la sauvée. C'est-y donc beau la biotechnologie! »

Les retombées bénéfiques du génie génétique, n'oublions pas, Léah, s'appliquent aussi aux pays en développement. Certains d'entre eux sont déjà engagés dans la pratique de ces nouvelles techniques : Centre de la pomme de terre au Pérou, Centre du riz aux Philippines. On a pu ainsi créer, dans ces contrées, des variétés qui nécessitent moins de traitements chimiques, qui résistent à la sécheresse, ou qui sont riches en éléments nutritifs faisant défaut aux popuations locales.

De tout temps, jardiniers et cultivateurs ont amélioré leurs plantes et leurs animaux en faisant des croisements. Cela, cependant, s'était toujours fait à l'intérieur d'une même espèce. Aujourd'hui, on sélectionne dans une espèce un gène qui donne la caractéristique désirée (la résistance au gel de la tomate ou au doryphore de la pomme de terre), et on l'insère dans un chromosome (support des gènes) de la plante qu'on veut modifier. On franchit donc ici la barrière des espèces, ce que la nature n'avait apparemment jamais fait jusqu'ici.

De plus, jusqu'à présent, le consommateur choisissait la variété de fruit ou de légume qu'il désirait consommer. Or, puisque l'agriculture transgénique constitue désormais une production industrielle de masse, on trouve des traces d'OGM dans la plupart des aliments. Personne n'étant averti, on les consomme à son insu.

Ceci dit, que l'on soit pour ou contre les transgéniques, il faut tout de même avouer, conviens-en avec moi, Léah, que l'idée d'un plant de tabac génétiquement modifié qui peut produire un composé destiné au traitement d'un trouble intestinal grave (maladie de Crohn), est chose fascinante. D'autant plus fascinante que ce plant est un des premiers au monde à posséder un gène humain! Ironie du sort, pour une fois, le tabac s'avère bénéfique à la santé...

Évidemment, lorsqu'on parle de faire intervenir un gène humain dans les manipulations génétiques, les profanes que nous sommes deviennent terriblement angoissés... Des images de monstres se mettent à hanter nos esprits, et nous nous sentons soudain menacés dans notre espèce.

Les scientifiques, eux, Léah, ne voient pas cela du même œil. Ils savent depuis longtemps que l'humain partage 98 % de ses gènes avec les singes et 95 % avec les poissons et les grenouilles. «Un gène est une unité de base, une brique du vivant», nous dit Jean-François Laliberté, biologiste moléculaire et virologiste à l'Institut Frappier de Montréal. «Certains de mes gènes ressemblent étrangement à ceux d'une tomate et remplissent les mêmes fonctions. En ce sens, la tomate et moi sommes frère et sœur!»

D'une manière générale, si on veut faire le point sur les transgéniques de ce côté de l'Atlantique, il convient de dire que le public nord-américain n'a pas encore été suffisamment sensibilisé ni convenablement informé sur ces produits. Depuis peu seulement, on commence à en parler et on sent naître une certaine inquiétude. La télévision ne s'est pas encore prêtée à de grands débats sur la question, seuls la presse et certains magazines en font état.

Il est vrai que les enjeux financiers sont tellement importants ici que ce silence pourrait aussi traduire une auto-protection de la part des pays gros producteurs d'OGM comme les États-Unis et le Canada. En effet, depuis 1996, plus de la moitié du soja et plus de quarante pour cent du maïs produits aux États-Unis sont transgéniques.

En Europe, par contre, il semble que l'opinion publique soit beaucoup mieux renseignée. Les OGM ont soulevé là-bas un véritable débat de société et votre gouvernement a légiféré sur la question.

Ma conclusion? Un diagnostic «sous réserve» me semble approprié actuellement. Mes recommandations? Une période de probation devrait être proposée par un Comité de scientifiques reconnus au niveau international par leurs pairs, pour observer les effets de ces produits à plus long terme. De plus, il serait sage de limiter jusqu'à nouvel ordre la fabrication de nouveaux organismes.

La biotechnologie n'est pas encore arrivée à un stade où elle peut prévoir l'avenir des OGM. Peut-être n'y arrivera-t-elle jamais. On manque de recul, c'est un fait. Cependant, une situation semblable n'existe-t-elle pas déjà à propos de la mise sur le marché de médicaments nouveaux? Il est vrai qu'au préalable, on a là recours à des essais cliniques. Il n'en demeure pas moins que, lorsque le médecin prescrit pour la première fois un médicament qui vient de sortir, il ne peut (pas plus que le biotechnologue) prévoir ni garantir les effets que ce dernier aura sur le patient au moment de l'ingestion, ni plus tard dans le temps.

Si on ne peut prévoir les réactions à long terme des transgéniques sur l'humain il est possible, par contre, de prendre en considération les connaissances scientifiques les plus récentes et les plus valables. On s'en tiendra à ces dernières pour juger et agir selon sa conscience professionnelle. On étudiera par la suite l'évolution et le progrès de ces données.

La grande controverse causée par ces produits, me semble-t-il, relève également du fait que les avantages qu'offre actuellement le génie génétique ne dépassent pas encore suffisamment les risques encourus.

Je ne condamnerai pas pour autant les transgéniques sans la moindre nuance. Leur potentiel reste malgré tout très grand.

Une chose est certaine, Léah, nous consommons tous quotidiennement ces produits, et à notre insu.

Il est urgent pour nous, d'Amérique du Nord, d'instituer un étiquetage clair et obligatoire. Ce ne sera pas chose facile, surtout si le produit à étiqueter n'est que partiellement transgénique. De plus, il faudra instruire le public pour qu'il puisse interpréter la lecture des étiquettes.

Je me range aux côtés du Père François Pouliot, bioéthicien au Centre d'études Noël-Mailloux à Québec, lorsqu'il dit : «Je ne crois pas que les OGM soient antinaturels ou que les scientifiques qui s'y adonnent jouent à Dieu, mais c'est incorrect de ne pas informer les gens.»

Une attitude positive, une réserve modérée, et une législation renforcée sont de mise. Une certaine confiance et une ouverture d'esprit vont de pair.

Je t'invite maintenant, Léah, à entrer dans le débat et à me faire part de l'opinion européenne. Il me tarde de connaître tes sentiments à l'égard de ces mal aimés, les OGM.

Ta présence et tes éclats de rire me manquent pour alléger le sérieux du sujet.

Je t'embrasse.

*

Chère amie,

Merci pour la simplicité et la clarté de ta définition des OGM. J'ai enfin compris ce qu'ils représentent!

En te lisant, j'ai vite saisi qu'en dépit d'inquiétudes et de réserves justifiées, tu n'étais pas farouchement opposée

à ces organismes. Les gènes de ton père le chimiste préva-
lent... Peut-être as-tu raison. L'avenir nous le dira.

Quant à moi, ne sois pas surprise si je ne partage pas
cette opinion. Ces produits ont à mes yeux un caractère
tératologique qui m'effraie. Après avoir perdu quatre membres de ma famille dans les camps de la mort, je suis devenue craintive et incrédule.

Les OGM, tu le sais sans doute, se sont fait beaucoup
d'ennemis de ce côté de l'Atlantique. Il y a deux ans déjà,
l'Union européenne avait interdit la culture et la mise sur le
marché de nouveaux transgéniques jusqu'à ce qu'une législation force l'étiquetage. De plus, certains pays membres de
l'Union sont allés jusqu'à demander que leur commerciali-
sation ne soit autorisée qu'une fois faite la preuve de leur
innocuité sur l'environnement et la santé des humains.

La méfiance croissante des consommateurs a obligé les
professionnels de l'agroalimentaire et de la distribution à
éviter de faire entrer ces organismes dans la fabrication de
leurs produits.

En fait, les transgéniques suscitent, particulièrement
en France, un brûlant débat de société. À la demande du
Secrétariat d'État chargé de la consommation, des associations nationales de consommateurs se sont formées qui or-
ganisent des discussions publiques à travers le pays. Des
directives bien établies dans un cadre juridique européen
existent d'ailleurs depuis longtemps et elles déterminent
l'évaluation des risques pour l'environnement et la santé,
ainsi que la procédure d'autorisation de dissémination des
produits.

Les Français, fins gastronomes, reprochent aux producteurs de ces produits de ne pas avoir su conserver la
fraîcheur du légume ou du fruit cueilli sur la plante, et je
suis tout à fait de cet avis. Les tomates que j'achète au centre commercial et même au marché (où rien n'est étiqueté
en tant qu'OGM soit dit en passant), en dépit d'une belle
apparence, sont dures et sans saveur. Elles me font penser,

sais-tu, à des femmes qui ont subi un tirage de peau et qui n'ont plus aucune ride sur leur visage; elles paraissent insipides et on ne peut leur donner d'âge.

Ma voisine, octogénaire alerte et enjouée, me disait hier : «Les jeunes, mademoiselle Léah, contrairement à nous, ne semblent pas le moins du monde intéressés par la qualité ni par le goût des aliments. Comme ils sont toujours pressés, ils préfèrent le «fast-food» et ne prêtent aucune attention à ce qu'ils consomment. Si je parle ainsi, c'est parce que j'ai un petit-fils de dix-huit ans... L'alimentation, comme la mode, doit pour eux être fonctionnelle avant tout. Le mode de vie, voyez-vous, a tellement changé qu'on a adopté une nouvelle façon de penser, et c'est là toute une culture qui se perd.»

Jamais encore on n'avait pénétré aussi loin dans la structure intime de la vie. Comment peut-on aujourd'hui, sans aucune expérience préliminaire, lancer si vite à travers le monde une technologie aussi révolutionnaire – et dangereuse – que celle de la biotechnologie?

On sait que les gènes insérés dans de nouveaux organismes peuvent se transmettre à d'autres espèces. Or, si la résistance aux herbicides venait à s'étendre aux mauvaises herbes sur d'immenses étendues et même sur des continents, que ferions-nous?

Si la résistance aux antibiotiques venait à se répandre aux organismes qui engendrent de graves maladies, comment pourrions-nous lutter contre des affections que l'on a précisément éradiquées grâce à ces antibiotiques?

L'irréversibilité de ces manipulations génétiques reste pour moi terrifiante. Le génie génétique incarne à mes yeux, sais-tu, un aveuglement au niveau de la conscience et de la sécurité des êtres humains, de l'espèce humaine. Puisque les biotechnologues, en dépit de leurs connaissances et de leur compréhension des faits, ne peuvent prévoir ce qui se passera à long terme, comment osent-ils s'aventurer si loin?

Les difficultés pour moi, résident également dans la permissivité de la conscience à autoriser une expérimentation massive de l'humain.

De plus, faut-il céder à une poussée économique telle qu'elle mette en péril l'éthique et la morale? Où se situe la notion de bien commun d'un mégamonde en pleine construction?

Peut-être suis-je trop pessimiste. Sans doute ma formation d'historienne, qui me ramène constamment en arrière et vers les erreurs du passé, fausse mon jugement, sans parler d'un vécu lourd à porter qui m'a rendu très vulnérable.

Pour toi, chère amie, je comprends que l'inverse se soit produit. Ton éducation, le milieu où tu as grandi et travaillé plus tard t'ont toujours orientée vers un avenir prometteur, et une confiance presque totale dans les sciences et le progrès.

Cependant, bien que nos points de vue divergent, ils n'en demeurent pas moins complémentaires. Serait-il prétentieux de notre part de croire, chère amie, qu'à nous deux nous détenons une certaine sagesse et une certaine part de vérité?

Merci de ton amitié enrichissante et j'apprécie nos échanges, même s'ils s'avèrent parfois bien sérieux.

Nous nous devons, toi et moi, de préparer nos retrouvailles. Promets-moi que, lorsque nous nous reverrons, si nous venons à parler du clonage humain, nous choisirons de le faire à la terrasse d'un café, à Paris ou à Ottawa en été, au soleil, mais à l'ombre d'un parasol. Là, nous trinquerons à la santé des légumes et des fruits biologiques, peut-être même à celle des OGM, version améliorée... La joie de nous retrouver conférera alors à ces derniers, j'en suis sûre, un bien meilleur goût que celui qu'ils ont aujourd'hui dans notre débat épistolaire.

Ta fidèle amie

# À la défense de Robert Latimer

Madame la ministre de la Justice,

J'ai l'honneur de solliciter de votre haute bienveillance la liberté de venir exprimer mes sentiments concernant l'affaire Latimer.

Cet agriculteur de la Saskatchewan reconnu coupable du meurtre de sa fille Tracy, gravement handicapée, a été condamné à la prison à vie sans possibilité de libération conditionnelle avant dix ans.

Le plus haut tribunal du pays a ainsi rejeté la demande d'exemption constitutionnelle de l'accusé. L'application de cette exemption lui aurait permis de ne purger que deux ans de prison et aurait ouvert la porte à la notion de meurtre par compassion.

De plus, la décision du Solliciteur général exigeant que les deux premières années de sa peine s'écoulent dans un pénitencier à sécurité maximale ajoute encore au martyre de cet homme et de sa famille.

Tels sont les faits. Derrière eux, cependant, madame la Ministre, se cache un drame qui a mis douze ans à aboutir.

Je sais que vous êtes parfaitement au courant de tout ce qui touche à ce procès, mais pour vous présenter ma requête, si vous permettez, je reviendrai sur certaines données.

Tout a commencé en 1980, à North Battleford, en Saskatchewan, dès la naissance de Tracy, fille de Robert et Laura Latimer. Tracy est venue au monde atteinte d'une forme très grave de paralysie cérébrale. Son cerveau, touché par la maladie, ne put jamais dépasser le niveau mental d'un bébé de quatre mois. Elle ne pouvait ni s'asseoir, ni parler, ni se nourrir. Outre une totale dépendance, elle souffrait de convulsions lui causant d'intenses douleurs, au rythme de cinq à six par jour. Elle devait porter des couches. En cours de croissance, sa colonne vertébrale avait fait l'objet de plusieurs interventions et était maintenue grâce à des fils et des tiges d'acier rattachés à ses vertèbres et à son bassin. Son côté gauche était marqué d'esquarres et elle souffrait d'une luxation de la hanche droite. Une série de nouvelles opérations, dans le but de traiter uniquement les symptômes de la maladie, venait d'être prévue peu avant que le drame n'éclate. Une des interventions chirurgicales aurait eu pour conséquence d'amputer une section de jambe de Tracy. Les Latimer faisaient face à une impasse totale. La souffrance physique de leur enfant augmentait de jour en jour et ils ne supportaient plus de rester passifs devant la douleur de Tracy.

C'est alors que le père de l'enfant, refusant d'être plus longtemps le témoin du calvaire de sa fille, au paroxysme d'une situation sans issue, décida de transporter cette dernière dans la cabine de son camion. Là, il inséra un tuyau d'échappement, puis mit le moteur en marche et assista sa fille en la surveillant jusqu'à la fin.

Madame la Ministre, quelle que soit la loi canadienne, le verdict de la Cour Suprême envers Robert Latimer s'avère beaucoup trop dur, vu les circonstances exceptionnelles du drame.

Pourquoi, alors, avoir peur de manifester notre compassion à cet homme? Qu'advient-il de notre bel héritage de «Société plus juste»? Où se situe donc cet idéal si précieux lorsqu'il est à la merci d'une loi rigide et sans âme?

Ce père, qui a pris sur lui d'aller au delà de la légalité par amour pour sa fille, n'était en rien malveillant.

Comment se fait-il que certains criminels qui violent et molestent les enfants jouissent de peines plus douces que celle infligée à Robert Latimer par la Cour Suprême?

Par la présente, madame la Ministre, je crois me faire le porte-parole de la majorité de l'opinion publique. Que nous soyons citoyens et citoyennes ordinaires, politiciens ou politiciennes de grand renom, que nous souffrions de handicap ou pas, n'est-il pas normal de refuser la douleur à outrance? Par contre, n'avons-nous pas le devoir de manifester de l'indulgence et de la clémence envers quelqu'un comme Robert Latimer? La compassion, lorsque nous l'exerçons, ne nous valorise-t-elle pas autant que le savoir, la compréhension ou la tolérance?

Au nom de ces valeurs, beaucoup de Canadiens ont signé une pétition que l'Association des libertés civiles du Canada vous fera parvenir. Cette requête est adressée au gouvernement et à vous-même parce que c'est vous, Madame, qui détenez le pouvoir d'exercer la clémence envers Robert Latimer. Plusieurs groupes de volontaires sont prêts à aller en prison pour une période d'un mois à la place de l'accusé. Bien que la loi canadienne ne prévoie aucun arrangement de la sorte, cette démarche reste très significative. Ces jours-ci, un des représentants de ces groupes exprimait son ressentiment à l'égard de notre système de justice et disait : «Comment se fait-il que certains meurtriers, par le biais d'astuces judiciaires, parviennent à être libérés, et que Robert Latimer, lui, n'a pu bénéficier d'aucune indulgence?»

Pour juger équitablement, même si on n'est pas d'accord avec le geste de l'accusé, ne faut-il pas essayer de comprendre ce dernier en se mettant à sa place? Quel parent n'a pas eu mal dans sa chair en voyant son enfant souffrir, surtout si le tourment dure depuis douze ans. Imaginons que des interventions chirurgicales visant à soulager ne font qu'augmenter le martyre de votre enfant... Comment ne pas vouloir mettre un terme à pareil enfer?

Quand la douleur existe au cœur du quotidien pendant longtemps, la réalité finit par changer et devient différente de celle des autres personnes.

Il semble que Robert Latimer et sa famille, vous en conviendrez, madame la Ministre, soient pris, là, dans un système juridique incapable de leur rendre une justice équitable.

Une loi qui juge uniquement d'après les faits et que l'on veut moralement aveugle, aboutit ainsi à un terrible paradoxe : l'accusé n'aurait pu légalement être acquitté, même si tous les membres de son jury avaient été d'accord pour reconnaître que ce qu'il a fait était « moralement justifié ».

Peut-être est-il grand temps de songer à prévoir de vrais services de soutien pour aider les familles qui ont des enfants handicapés ou qui s'occupent des handicapés. Seconder ces gens et les faire sortir d'un isolement qui fausse leur sens de la réalité serait un premier pas dans la bonne direction.

Il est peut-être temps aussi de changer la législation. Ce n'est pas la loi qui doit déterminer ce qui est moralement juste. Ce qui est moralement juste doit déterminer ce que la loi devrait être quant à son interprétation et, surtout quant à son application. C'est pourquoi une obéissance aveugle à la loi est moralement discutable.

Pour ce qui est d'un éventuel pardon accordé à Robert Latimer par le gouvernement, il serait absurde de croire que ce dernier entraînerait des séries de meurtres par compassion et changerait la situation de ceux qui vivent auprès de grands malades ou d'handicapés. De plus, si un parent est persuadé que la mort de son enfant gravement handicapé vaut mieux que le martyre subi par ce dernier, ce n'est pas la crainte de la justice qui le fera changer d'avis. Par amour pour son enfant, il posera le même acte que Latimer.

Les groupes et organisations anticlémence ne pourront sûrement pas invoquer la question du « non-consentement » de la part de la victime dans le cas de Tracy; cette dernière, même à douze ans, avait toujours le niveau mental d'un bébé de quatre mois. Tracy n'a jamais été capable de consentir à quelque traitement que ce soit, encore moins de s'y opposer.

À propos d'abus sur la personne de Tracy, cet argument non plus n'aurait aucun fondement. En effet, au cours des douze années passées avec ses parents, ni sa mère ni son père n'ont jamais maltraité, négligé ou abandonné leur fille. Il n'a jamais été question pour eux de la placer en établissement, sous prétexte de rechercher une meilleure qualité de vie. Robert Latimer a posé son acte seulement après qu'il n'a plus pu supporter d'assister impuissant au calvaire de sa fille Tracy.

Il est sans doute difficile de rendre la justice. Il existe certainement des cas d'abus indiscutables à l'égard des handicapés et des grands malades, aussi bien dans les foyers que dans les établissements. Il faut donc que ces derniers soient protégés par la loi. De plus, il est souvent délicat de savoir où s'arrêter sur la pente de la clémence.

Il me semble néanmoins qu'en prononçant un verdict de culpabilité à l'égard de Robert Latimer, les membres de la Cour Suprême ont fait preuve de manque de courage moral.

Pour conclure, je citerai le verdict rendu récemment par la cour d'assises des Côtes d'Armor, à Saint-Brieuc, en France, concernant l'infanticide d'un jeune autiste par sa mère. Cette dernière, Anne Pasquiou, avait tué le 28 décembre 1998, par noyade, son troisième fils, Pierre, âgé de dix ans, atteint d'autisme grave. Elle avait auparavant, toutefois, contacté, selon les journaux, soixante-deux établissements pour autistes. Son fils avait été refusé partout à cause de la gravité de son cas. Elle avait donc, par désespoir, poussé Pierre dans l'eau froide du haut de la jetée du port de Locquémeau.

Le verdict rendu le 3 mars 2001 diffère beaucoup de celui de Robert Latimer en ce qui concerne la sentence et les commentaires qui l'ont accompagné. Jugez par vous-même :

« Anne Pasquiou a été condamnée à trois ans de prison avec sursis », rapporte le journal *Nice-Matin* du 3 mars 2001.

L'article poursuit : « Le verdict de la Cour d'assises peut être considéré comme clément puisqu'Anne Pasquiou encourait une peine de trente ans de prison... »

Après lecture de la sentence, le président de la cour, chose rare paraît-il, a pris la parole lui-même et déclaré : « La Cour et les jurés ne peuvent excuser le geste grave que vous avez commis [...] mais ils ont compris les circonstances dans lesquelles vous avez été amenée à le commettre. Je suis intimement convaincu que vous ne pourrez vous reconstruire que si, un jour, vous vous pardonnez à vous-même. »

Lettre sur la peine de mort
adressée au gouverneur de l'état du Texas

Monsieur le Gouverneur,

Le 3 février 1998, Karla Tucker était exécutée par in-
jection létale au pénitencier de Huntsville, chez vous, au
Texas. Elle devenait ainsi, dans cet état, la première femme
à subir la peine capitale depuis cent trente-quatre ans, et
la deuxième aux États-Unis depuis le rétablissement de ce
châtiment il y a plus de vingt ans.

Ni les appels à la clémence lancés dans le monde, ni les
recours en grâce ne parvinrent, alors, à vous faire commuer
la peine de cette Américaine de trente-huit ans, condamnée
à mort pour un double meurtre commis en 1983.

Monsieur le Gouverneur, vous n'étiez pourtant pas sans
savoir qu'issue d'un milieu défavorisé, Karla Tucker avait
été marquée par de graves sévices subis dans son enfance.
Droguée à dix ans, prostituée à treize, sous l'empire de la
drogue et assistée d'un complice, à vingt-quatre ans elle
était devenue une criminelle. Néanmoins, après son incar-
cération, elle avait trouvé la foi et parcouru un long cheminement de repentir sous l'influence du pasteur de la prison
qui deviendrait plus tard son mari. Dès lors, cette femme
allait se transformer et mener une vie exemplaire, adhérant

à l'Évangile et pratiquant sa foi. Désormais, elle incarnait, aux yeux de tous, un symbole de rédemption et d'espoir. Elle affirmait elle-même le 14 janvier, trois semaines avant sa mort, sur le plateau de télévision de Larry King, le présentateur vedette de la chaîne états-unienne CNN : « J'ai trouvé Dieu... et je ne suis plus une menace pour la société. »

Le jour de son exécution, je me trouvais en Europe. Je dois vous dire, monsieur le Gouverneur, que la nouvelle fut accueillie, là-bas, avec émotion et colère. Des réactions d'indignation fusèrent de toute part.

Le Haut-Commissaire de l'O.N.U. pour les droits de l'homme, déclara que l'application répétée de la peine capitale aux États-Unis ou ailleurs, était matière à inquiétude, parce que cette pratique allait à l'encontre de la volonté mondiale de l'abolir.

Du même coup, le débat sur la peine de mort était relancé dans votre pays. Certains se demandaient s'il n'aurait pas fallu pardonner à Karla Tucker, convertie et repentante.

Parallèlement, deux des plus influents leaders chrétiens conservateurs dénonçaient cette exécution, déclarant que, parfois, l'exercice de la loi doit comprendre le pardon.

Deux ans plus tard, le 22 juin de l'an 2000, Gary Graham était exécuté dans ce même pénitencier de Huntsville, au Texas. Cet homme était la deux cent vingtième personne à subir ce sort depuis le rétablissement de la peine capitale dans cet état, en 1982. Il est surtout le cent trente-cinquième condamné à mort en cinq ans et demi de votre mandat de gouverneur. Pour lui non plus, les appels de toute part en faveur d'un délai d'exécution, fondés sur une présomption d'innocence, n'ont pu vous faire changer d'avis.

Gary Graham était un Américain du Texas, noir, âgé de trente-six ans. Bien qu'il ait plaidé coupable à une série de vols à main armée, il avait toujours farouchement nié avoir été l'auteur du meurtre pour lequel on vient de le mettre à mort...

Ce meurtre remonte à 1981 alors que, mineur, il n'avait que dix-sept ans. La tragédie s'était déroulée à Houston, dans le stationnement d'un centre commercial. Aucune trace de sang ni aucune empreinte digitale de l'accusé n'avaient été relevées sur les lieux du drame. De plus, les examens balistiques avaient permis d'établir que l'arme trouvée sur lui, au moment de son arrestation, n'était pas celle du crime. La condamnation de l'accusé en fait, reposait sur un seul et unique témoignage, celui d'une femme se trouvant dans le stationnement, au moment du hold-up. De l'intérieur de sa voiture, à travers sa vitre et à plus de treize mètres, elle avait vu, disait-elle, un homme être agressé et abattu par quelqu'un qui, d'après elle, devait être Gary Graham. En outre, un avocat incompétent et inexpérimenté avait été chargé de la défense; il s'était avéré incapable de faire ressortir l'absence de preuves decisives. Deux temoins-clefs qui, normalement, auraient dû innocenter Gary Graham, n'avaient jamais été appelés à la barre... Cet avocat, dont le nom est Ronald Mock a, depuis, été réprimandé à quatre reprises pour fautes professionnelles.

Ces deux exemples de l'application de la peine de mort au Texas, monsieur le Gouverneur, constituent des paradigmes de causes devenues célèbres, et qui démontrent l'inanité de la justice exercée dans cet état.

Depuis 1976, date à laquelle la Cour Suprême états-unienne autorisait la réinstitution de la peine de mort, trente-huit états (dont le vôtre) ont rétabli cette dernière dans leur système pénal. Depuis, le nombre des exécutions n'a cessé de croître aux États-Unis, et vous détenez la moitié de ce sinistre et macabre record!

Malgré la divulgation de rapports controversés et les graves irrégularités commises dans le procès de Gary Graham, malgré de nombreuses requêtes pour obtenir un délai d'exécution et de nouvelles preuves d'innocence en faveur de l'accusé, monsieur le Gouverneur, vous êtes resté sourd à toutes les demandes qui vous ont été adressées; «sourd», tout en laissant entendre aux autres qu'il ne vous appartenait pas d'intervenir, seule la Commission des grâces ayant ce privilège. Or, tout le monde sait que cette Commission est composée de dix-huit membres nommés par vous. En outre, votre surdité est sélective, car vous êtes resté muet, sauf pour déclarer présomptueusement qu'aucun condamné n'avait jamais été exécuté par erreur au Texas depuis que vous en étiez le gouverneur.

Il n'est nul besoin de commenter, ici, les interventions de particuliers comme celle de l'acteur Danny Clover (défenseur des causes sociales devant la justice), ni les appels lancés par des associations nationales et internationales telles que la NAACP, Amnistie Internationale ou l'ACAT, sans oublier les groupes abolitionnistes des États-Unis et d'ailleurs. Je tiens à souligner, par contre, la publication de deux articles parus dans deux journaux bien connus : l'un, dans le *New York Times* du 15 juin 2000, sous la rubrique : «Give Innocence a Chance». Le contenu de cette lettre ouverte qui vous était personnellement adressée, monsieur le Gouverneur, était signé par six condamnés à mort ayant été finalement reconnus innocents après qu'ils aient été déclarés coupables. L'autre, publié dans le *Chicago Tribune,* mentionnait que, parmi cent trente et un exécutés chez vous durant votre mandat, quarante avaient eu des procès dans lesquels les avocats assignés par la Cour n'avaient présenté qu'un seul témoignage-clef; les avocats de quarante-trois autres avaient été réprimandés à plusieurs reprises pour fautes professionnelles. Le procès de Gary Graham confirme bien les dires de cet article.

Comment expliquer, monsieur le Gouverneur, qu'une démocratie comme celle de votre pays puisse encore appliquer la peine de mort dans une proportion de trente-huit états sur cinquante et que, de plus, vingt-six autorisent cette peine pour des mineurs, ce qui fut le cas de Gary Graham...

Pourquoi vous ranger en matière de justice aux côtés de pays comme l'Arabie Saoudite, l'Iran, le Nigéria, l'Égypte, le Cambodge ou la Chine?

Sans doute, répondrez-vous, la peine de mort ne traduit pas uniquement un régime ou une justice d'état, mais aussi l'expression d'une conviction personnelle. Selon vous, la peine de mort a un effet dissuasif sur la criminalité, et existe pour «sauver des vies»... Un rapport du FBI, qui remonte à 1992, avait pourtant déjà établi le contraire : le nombre de meurtres est bien plus élevé, selon ledit rapport, dans les états qui recourent à la peine de mort (9,3 pour 100 000 habitants) que dans les états abolitionnistes (4,9). Toutefois, bien que la majorité des États-Uniens (70 %) et des Texans (76 %) soient en faveur de la peine capitale, beaucoup d'entre eux commencent à avoir des doutes et se posent des questions. Le pourcentage jusqu'ici très élevé est en train de baisser. Il semble que la décision du gouverneur républicain de l'Illinois, George Ryan, qui a décrété un moratoire sur les exécutions dans son état, ait fait reculer cette forme de justice dans votre pays[1]. Le président Clinton, lui-même, a également décidé de renvoyer à plus tard ce qui aurait dû être la première exécution ordonnée par le gouvernement fédéral depuis 1963.

Les résolutions de ces deux hommes politiques viennent après le constat de nombreuses et graves erreurs judiciaires.

En dépit de nos divergences, monsieur le Gouverneur, il y a tout de même un point sur lequel nous devrions tomber d'accord. Lorsqu'on veut rendre la justice avec équité, il me semble que la sanction, pour être «réparatrice», doit être appliquée dès que possible. Je renvoie ici, bien sûr, au cas de Karla Tucker, qui a attendu et vécu quatorze ans dans «les couloirs de la mort» avant d'être exécutée. L'attente moyenne dans votre état est de dix ans... Gary Graham, lui, a attendu dix-neuf ans!

---

1. Récemment, le gouverneur George Ryan, la veille de la fin de son mandat, a commué en une peine de prison à vie la condamnation à mort prononcée à l'encontre de plusieurs dizaines de détenus.

Un retard de l'application de la peine traduit, sans doute, le temps consacré aux appels et recours adressés aux législatures d'état et aux autorités fédérales. Cependant, un délai de cet ordre ne peut être retenu comme prétexte. Il vous appartient donc, au nom d'une conscience humanitaire, et à cause de vos responsabilités de gouverneur, de mettre fin à une telle torture morale.

L'attente prolongée entre la sentence et son application fausse inexorablement la justice, et les conséquences en sont dramatiques. Pourquoi? Tout simplement parce que la personne qui va être exécutée n'est plus la même que celle qui a été condamnée.

Comment pouvez-vous parler d'exemplarité de la sanction, et surtout de justice?

Laissez-moi terminer cette longue lettre, monsieur le Gouverneur, en citant les paroles d'un journaliste européen[2] destinées aux responsables de la condamnation à mort de Karla Tucker : «En exécutant cette jeune femme de trente-huit ans, vous avez sans doute tué la criminelle qu'elle était à vingt-quatre ans, mais vous avez surtout tué l'humanité qui avait refleuri en elle. Le 8 février 1998, Karla Faye Tucker est morte deux fois.»

En mémoire de Gary Graham, que nombre d'entre nous croyons innocent, je tiens à citer le témoignage des six condamnés à mort déclarés finaleme   nt non coupables, et qui ont signé la lettre ouverte qui vous était adressée, dans le *New York Times* : «Nous sommes la preuve vivante, en dépit de votre conviction sur la peine capitale, qu'aucun être humain doit être exécuté s'il existe le moindre doute concernant sa culpabilité.»

Dieu vous éclaire et vous pardonne, monsieur le Gouverneur.

_____

2. Maurice Huleu, journaliste (quotidien *Nice-Matin*).

Pierre Elliott Trudeau a écrit dans ses mémoires : «Je reconnais que la société a le droit de punir un criminel en infligeant à ce dernier une sentence proportionnelle au crime qu'il a commis. Toutefois, tuer un homme uniquement pour le punir est un acte de vengeance. Rien de plus. Certains préfèrent parler de punition parce que ce terme a une meilleure consonance à l'oreille, mais la signification n'en reste pas moins la même. »

J'adhère pleinement à la conviction de ce grand homme politique à propos de la peine de mort.

Permettez-moi d'ajouter encore ceci, monsieur le Gouverneur de l'état du Texas :

Lorsqu'on envoie des criminels à la mort, on dévalorise le prix des vies de leurs victimes. C'est seulement en reconnaissant le droit sacré à la vie pour tous, qu'on peut véritablement pleurer et honorer la mémoire de ceux qui l'ont perdue.

# VI

## MISE EN GARDE

Il y a cinq semaines aujourd'hui, le 11 septembre 2001, l'acte terroriste le plus impensable jamais conçu sur notre planète était commis au cœur de New York. Vers neuf heures du matin ce jour-là, deux énormes transporteurs de passagers états-uniens, devenus des avions kamikazes bourrés de kérosène, fonçaient sur les tours du World Trade Center. Plusieurs milliers de personnes périssaient sous les décombres de plus de cent étages effondrés sur eux, emprisonnant leurs restes privés de sépulture.

Depuis, hormis les auteurs du crime et leurs adeptes, chacun porte en soi des images d'horreur diffusées, jour après jour, sur nos écrans de télévision.

Dès lors, comme pour exorciser ces scènes dantesques qui hantent les esprits, beaucoup d'entre nous ne cessent de parler de ce qui s'est passé.

Je dois t'avouer cependant, Jessie, que jusqu'à présent je n'ai pu personnellement me résoudre à commenter longuement cet événement, excepté peut-être avec ton père adoptif, mon mari. Il me semble que la chose est trop inacceptable, trop grave. J'ai besoin de réflexion et il me faut du recul. Je voudrais, vois-tu, comprendre l'incompréhensible. Il ne s'agit pas là d'une catastrophe naturelle comme un tremblement de terre ou une tornade dévastatrice, mais bien d'un acte pensé et exécuté par des humains qui avaient une vision apocalyptique pour changer le monde.

Comment accepter pareille réalité sans s'interroger sur les mobiles de cet acte, avant même de parler de justice ou de représailles et de guerre. Il ne fait pas de doute que les coupables devront être punis une fois leur culpabilité établie, mais il faut surtout s'interroger sur la responsabilité directe de certaines puissances.

En cherchant la cause réelle du mal, peut-être trouverons-nous des réponses et pourrons-nous ainsi prévenir la répétition d'autres agressions semblables. Nous ferons alors, du même coup, échec à la peur qui nous gagne.

Tu appartiens, Jessie, c'est vrai, à une autre espèce, bien que ton père et moi t'ayons faite un peu à notre image, depuis dix ans que tu vis à nos côtés. Je dois avouer que tu as toujours été ma confidente dans les moments difficiles. Quand je n'arrive plus à communiquer avec les humains, je viens chercher refuge auprès de toi et tu deviens mon exutoire...

Or, ces jours-ci, j'éprouve un grand ressentiment envers mes semblables, et un urgent besoin de les fuir. Moi qui leur avais fait confiance pour réaliser un multiculturalisme interactif des nations après les horreurs des génocides du XXᵉ siècle, moi qui les croyais capables d'endosser une coresponsabilité universelle pour une meilleure répartition des richesses dans le monde, moi qui les pensais prêts à défendre une éthique de bien commun et la reconnaissance d'une citoyenneté planétaire, je me sens trahie, bafouée, découragée... Cela, d'autant plus que ces valeurs restent pour moi les critères incontournables d'une élaboration de mégamonde.

Vois-tu, Jessie, je suis fatiguée des exigences des humains, de leur égocentrisme, de leurs conflits, où chacun prétend vouloir la paix aux dépens de l'autre... Comment osent-ils invoquer Dieu, ou parler en son nom, pour promouvoir leurs politiques respectives et leurs intérêts personnels?

Je préfère, sais-tu, rester auprès de toi. Tu es ma garantie d'une espèce vivante loyale. Toi, tu ne m'as jamais déçue. Tu as tenu parole sans même jouir de la parole.

Henri de Montherlant avait raison de dire : « Comme les enfants, comme les primitifs, comme le peuple, les animaux ne prétendent pas. De là, qu'on ne peut leur en vouloir de rien. De là, qu'on n'a jamais à les mépriser, immense repos. Enfin, plus souvent que l'homme, ils sont nobles. »

En ce moment, tu es à mes pieds allongée, attentive, aux aguets. Tu ne dors pas comme tu le fais d'ordinaire, détendue et confiante. Tu sais que je te parle et tu m'écoutes.

Quant à moi, assise à mon bureau, je te lis à haute voix le contenu de ma lettre. Tu sais déjà qu'il s'agit là de quelque chose d'important et de grave. Tu relèves la tête, puis la penches. Tes oreilles se dressent pour mieux saisir mes paroles. Tu me fixes intensément de tes yeux noirs pétillants d'intelligence. Ton poil blanc de terrier découpe ta silhouette. Soudain, pour être plus près, tu sautes d'un bond vif sur le fauteuil, près du bureau. Malgré ta petite taille, te voilà à ma hauteur. Droite, campée sur tes pattes arrière, tu te rapproches et d'un brusque coup de museau noir humide, tu pousses mon coude maladroitement. Tu cherches le contact de ma main. Je te la tends, tu la lèches affectueusement. Je te gratte derrière l'oreille. Tu te couches sur le siège, le menton reposant sur le bras du fauteuil. Tu me fixes droit dans les yeux et me parles en silence.

Je me sens en sécurité auprès de toi, si étrange que cela puisse paraître. Je sais pertinemment, Jessie, que tu comprends ce que je dis. Ton entendement interprète les intonations de ma voix, mes gestes, mes silences, les expressions de mon visage et tout ce que tu connais de moi. Même si je vais, maintenant, m'adresser plus spécifiquement aux humains, le sixième sens que tu possèdes te permettra de capter l'essentiel de ce que je vais leur dire. Grâce à toi, après une certaine réflexion, je pourrai exprimer mes sentiments sur ce 11 septembre fatidique qui a changé la configuration mondiale d'un coup de baguette d'horreur. Puisse cet avant-goût de fin de monde faire comprendre à mes frères et sœurs que, derrière ce monstrueux acte terroriste, s'élève un grand cri de désespoir...

Si, pour défendre ses propres intérêts, la plus grande puissance mondiale au lieu d'aider les plus défavorisés les accule au rang des plus démunis de la planète, il n'est pas surprenant de voir les derniers haïr la première.

Dans un mégamonde en gestation que l'on voudrait plus tolérant, plus humain, plus solidaire, un changement de politiques et d'attitudes s'impose à l'avenir. Désormais, tout se tient et tout doit être pris en considération, à tout moment. Nous dépendons les uns des autres.

Combattre Ossama ben Laden et ses réseaux, ainsi que les Talibans, paraît impératif. Mettre fin, en effet, à un régime de répression qui interprète arbitrairement l'Islam, et ne respecte pas les droits de la femme, est juste. Cependant, ne croyons pas que les succès militaires arrêteront la menace du terrorisme.

Par contre, un effort soutenu des États-Unis et des pays de l'Ouest, pour lutter contre la pauvreté et la misère des pays en développement sera peut-être, à long terme, le point de départ d'une nouvelle politique nécessaire et d'un engagement en faveur de la paix. On ne peut nier que les conditions actuelles de vie ou plutôt de survie en Afghanistan, sont à elles seules capables d'expliquer l'existence et la progression croissante du terrorisme dans ce pays de seize millions d'habitants.

Comment des êtres humains, habités par le désespoir, peuvent-ils ne pas ressentir de haine envers ceux qui semblent avoir tout alors qu'eux n'ont rien.

Peut-être, faudrait-il aussi essayer de comprendre ici la souffrance du peuple palestinien...

Que faire alors?

Il faut, sans doute, avant tout résoudre la question humanitaire en Afghanistan. Des centaines de milliers de gens ont besoin d'une aide alimentaire et médicale après de longues années de sécheresse et de conflits meurtriers. À cause de la guerre actuelle menée par les États-Unis et leurs partenaires, cent mille enfants, selon un responsable de l'UNICEF, pourraient mourir au cours de l'hiver par manque de vêtements et de nourriture. L'approvisionnement alimentaire actuellement parachuté par les États-Unis, parallèlement aux bombardements, n'est que minime et cache aussi des mobiles politiques.

De plus, les réfugiés qui affluent aux frontières du Pakistan et de l'Iran, dont on prévoit qu'ils seront plus d'un million, auront également besoin de nourriture et d'abris. Une aide internationale est à apporter d'urgence.

Libérer les pays les plus pauvres de leur dette apparaît aussi une priorité.

La lutte contre le sida, en Afrique et en Asie, doit être inscrite à l'ordre du jour des pays de l'Ouest qui devront abaisser le coût des médicaments et aider ces contrées à mettre en place des régimes de santé appropriés.

Ces actes humanitaires posés, des attitudes plus respectueuses à l'égard des populations les plus démunies devront également être adoptées.

Enfin, le Congrès états-unien aura intérêt à revoir sa politique étrangère concernant les attitudes et le comportement de ses diplomates. Ces derniers devront montrer, à l'avenir, plus d'intérêt pour les langues et les cultures des pays où se trouvent leurs ambassades et être mieux formés pour communiquer avec les populations dans leurs langues respectives, non d'abord en anglais.

Jessie, tu m'as écoutée et tu m'as entendue... Merci.


Vois-tu, Jessie, on ne peut ignorer le 11 septembre 2001. En dehors des agissements extrémistes et de leurs terribles conséquences, un cri de désespoir a jailli de ces tours infernales de New York. Les victimes n'ont guère eu le temps de l'entendre, mais il n'en est pas de même pour nous. Ce cri déchirant qui monte du sol accuse les coupables de non-assistance, d'hypocrisie, d'indifférence, d'égoïsme et éclabousse de ricochets sanglants la face de la terre.

Cependant, ceux qui se livrent au terrorisme sont encore plus condamnables lorsqu' au nom d'une interprétation arbitraire de leur Livre sacré, ils diffusent haine et racisme pour servir leurs intérêts et leur cause.

$M$a chère Léah,

Mois d'août, aux environs de midi, dans un village de l'arrière-pays méditerranéen.

Tout semblait normal...

Le soleil dardait de ses rayons brûlants les toits des maisons. Vincent vint s'asseoir sous l'arbre légendaire de la Place du Frêne.

Cet endroit avait toujours été pour lui un lieu de prédilection où il faisait halte pour se rafraîchir, s'abriter et méditer. À l'écart du monde, il trouvait paix intérieure, remède à ses maux, et il communiait à la beauté du site natal.

Notaire voué au célibat, maintenant à la retraite, il vénérait ainsi le Frêne centenaire.

Ce jour-là, l'air était lourd et la chaleur torride. Plus que jamais, Vincent voulait profiter de sa pause sous l'immense parasol de verdure. Comme il observait son ami le Frêne qu'il n'avait pas vu depuis longtemps, ayant beaucoup voyagé ces derniers mois, il ne put s'empêcher de lui faire part de son inquiétude : «Je m'aperçois que tes branches maîtresses ont beaucoup dépéri depuis mon départ, et elles ne sont plus aussi fournies. Tes feuilles, assoiffées, se recroquevillent dangereusement. Ton écorce part en lambeaux, et ta sève pleure des larmes qui se figent le long de ton échine. Si je lève ma tête en direction de ta cime, mes yeux sont aveuglés par une grande luminosité que, désormais, tu es incapable de filtrer. Quelle tristesse! Toi, un des plus beaux joyaux de notre patrimoine local.»

Les ennuis avaient commencé lorsque les usines des parfumeries «Sent Bon» s'étaient installées dans le vallon, trois ans plus tôt. La pétition des écologistes de la région, dont Vincent était le président, avait pourtant réclamé en haut lieu la fermeture de ces installations qui polluaient l'environnement. Aucune décision n'avait encore été prise.

Ceci mis à part, tout semblait normal.

Vincent, démoralisé, se dit qu'aujourd'hui il lui serait préférable de marcher. Il se dirigea, alors, vers un autre de ses coins favoris : la Fontaine aux tourterelles. Réputée depuis des générations, cette dernière avait inspiré nombre d'artistes et poètes mondialement connus. Elle se trouvait tout près d'ici. Arrivé sur les lieux, Vincent ne put retenir un cri d'horreur... L'eau ne coulait plus... La source avait tari! Le bassin offrait au regard du passant des entrailles gluantes d'algues verdâtres nauséabondes. Bouleversé, il chercha du regard les tourterelles, ces oiseaux élégants au plumage gris-beige et au collier de jais. Où étaient-elles? Elles avaient coutume de se promener sur la margelle du bassin, en roucoulant. Mais aucune d'elles n'était là. Instinctivement, il leva les yeux, pensant que les pigeons des alentours avaient dû les chasser. Le ciel bleu d'azur était... vide, étrangement vide...

Les ruelles semblaient désertes. Les magasins de souvenirs avaient baissé leurs rideaux. Vincent se sentait tout drôle et anxieux...

Ceci mis à part, tout semblait normal.

S'efforçant de réagir, l'homme se dit : «Je vais aller jusqu'au Grand Pré. Là, je m'assiérai au pied d'un olivier et j'écouterai le chant des cigales. Chemin faisant, j'irai saluer Cappa et Stable qui seront, sans doute, dans leurs serres en train de bichonner leurs boutures. On boira un pastis à l'ombre, sous la tonnelle, et je caresserai Voyou, le chien de Stable, toujours en quête d'attention. »

Au fur et à mesure qu'il approchait du Grand Pré, Vincent sentait une immense fatigue l'envahir. Il se baissa pour ramasser quelques brindilles de thym sauvage. Il les écrasa dans le creux de sa main, et les renifla pour ravigoter ses narines de méridional et son esprit alangui. Aucun arôme n'émanait aujourd'hui de cette herbe d'habitude si odoriférante. Il ne sentait rien... Vincent conclut qu'il devait couver un rhume. Peut-être avait-il trop pris de soleil? Il n'était plus très jeune, soixante-dix ans le mois prochain.

Le cabanon de Cappa semblait fermé ainsi que les serres de Stable. La niche de Voyou était vide. Peut-être étaient-ils tous partis, le chien compris, au marché aux fleurs dans le grand camion de Cappa, comme ils le faisaient souvent.

Arrivé au Grand Pré, le cœur de Vincent battait à tout rompre. «Je vais me reposer, ça ira mieux après», se dit-il. Il s'allongea sous un olivier et, bientôt, se sentit plus vaillant. Il tendit son oreille pour entendre le gui... gui... inlassable des cigales. Rien ne lui parvenait.

Il n'y avait pas de cigales.

Rassemblant le peu de force qu'il lui restait, il se leva courageusement et décida de rentrer chez lui, au plus tôt. Il se sentait devenir fou... Cette fois, il traverserait le centre du village. Il lui fallait à tout prix parler à quelqu'un. Après beaucoup d'efforts, il arriva sur l'avenue Mistral, au cœur même du village.

Là, plus rien ne semblait normal.

Sur l'immense place, où d'habitude claquaient les boules des joueurs de pétanque, des gens allaient et venaient dans toutes les directions. Plusieurs d'entre eux, affolés, couraient, d'autres semblaient figés. Il y avait des cris, des gémissements, on installait des brancards...

Vincent vit une femme qu'il crut reconnaître. Elle traînait un enfant par la main et marchait avec hésitation, semblant épuisée. Avant même qu'il ait pu la rejoindre, elle tomba, inerte. Quelqu'un prit alors l'enfant dans ses bras, et l'emporta. Certains se groupaient et avaient l'air épouvanté. D'autres se soutenaient entre eux et pleuraient. Vincent avait repéré plusieurs de ses connaissances aux alentours, mais il ne se sentait pas la force d'aller jusqu'à eux. Tous ces gens étaient livides. Appuyé sur un mur pour reprendre son souffle, il percevait des bribes de conversation : «Trop tard... Épidémie... Virus... Guerre bactériologique...» Il comprit alors que c'était la fin.

Léah, voilà l'abominable cauchemar que j'ai fait cette nuit. Mon mari en déplacement, assistant à un congrès, je me suis trouvée seule à mon réveil, bouleversée... Je n'arrivais pas à reprendre contact avec la réalité et j'étais angoissée... Je n'ai voulu me confier à personne, surtout pas à mes enfants. Tout cela est trop noir, me suis-je dit.

Serait-ce là un cauchemar prémonitoire? Suis-je, comme la plupart d'entre nous, encore sous l'emprise des événements récents du 11 septembre?

En t'écrivant ces lignes, j'ai égoïstement exorcisé mes peurs, et je me sens en quelque sorte libérée maintenant. Je sais que tu me comprends et j'apprécie, une fois de plus, cette amitié unique qui existe entre nous. Toi avec ton expérience de vie, en fait, tu as vécu un cauchemar semblable mais, hélas, d'une réalité beaucoup plus tragique.

Puissions-nous agir à temps pour prévenir semblable catastrophe.

Dieu protège les générations à venir.

Avec ma plus vibrante amitié.

Yvette

# APRÈS-PROPOS

Une globalisation bien pensée appelle à une unité du genre humain et à sa solidarité, mais le chemin pour y parvenir s'avère, jusqu'à présent, bloqué par une guerre économique et une compétition qui excluent injustement et d'emblée les pays les plus démunis.

Les événements du 11 septembre 2001 ont fait ressortir cette dure réalité.

Avant même de parler de guerre et de durée des hostilités pour combattre le terrorisme, il est urgent de mettre en place des programmes propres à établir et à créer une meilleure répartition des ressources sur la planète.

Le monde, devenu complexe, n'est plus prévisible.

Certains expliquent qu'il n'est plus régi par une causalité linéaire dans laquelle $a$ entraîne $b$, mais plutôt par une causalité circulaire où $a$ entraîne $b$ qui entraîne $a$, à son tour. Toute partie du cercle (qui nous représente) conduit désormais à une mutation de l'ensemble du globe.

S'adapter à un tel contexte implique une écoute constante et une grande ouverture d'esprit à la dimension de l'autre, peu importe son statut. Ce mégamonde en formation, que l'on veut plus solidaire, exige donc un concept d'appartenance planétaire et une coresponsabilité universelle aussi bien sur le plan individuel que sur le plan collectif.

Si nous adoptons la causalité circulaire pour expliquer le monde actuel, nous comprendrons vite que celle-ci est porteuse d'espoir. Cette conception établit, en effet, que chaque individu est important puisqu'il a un pouvoir de mutation sur l'ensemble des autres individus. Chacun d'entre nous, selon ses choix personnels, peut apporter dégradation ou amélioration à notre société. L'acte du terroriste est un parfait exemple de cela.

Dire qu'à partir de chacun de nous peut se jouer l'avenir de l'humanité n'est pas une utopie. Cet avenir, en fait, repose sur une implication de citoyenneté planétaire, une notion de bien commun à acquérir, et une croissance humanitaire à assumer.

Les initiatives de particuliers – Trudeau, Bianca Jagger, les Cappuccino – qui laissent durablement leur marque, ou l'action d'organismes humanitaires comme l'UNICEF, Amnistie Internationale, l'ACAT, Green Peace, Médecins sans frontières, nous indiquent l'orientation à prendre.

En dépit des temps difficiles que nous traversons, je me rallie pleinement à la pensée de l'homme de sciences et humaniste Albert Jacquard. Ce penseur croit fermement que l'avenir du monde est entre nos mains. Il est persuadé que les jeux sont loin d'être faits, et que le monde à venir sera ce que nous en ferons tous.

# Table des matières

## Du même auteur

*Une génération nouvelle. Les aînés d'aujourd'hui.* Essai, Les Éditions du Vermillon, Ottawa, 1996, 252 pages.

*A New Generation. Today's Elders,* Canadian Public Health Association, Ottawa, 2000, 252 pages.

Dans la collection
**Visages**


1. Claude Châtillon, *Carnets de guerre. Ottawa-Casa Berardi. 1941-1944,* 1987, 168 pages.

2. Paul Gay, *Séraphin Marion. La vie et l'œuvre,* 1991, 256 pages.

3. André Laflamme, *La création d'un criminel,* 1991, 248 pages.

4. Edmond Robillard, *La sagesse et les sentences du mime syrien Publilius Lochius,* 1992, 172 pages.

5. Jean-Louis Grosmaire, *Lettres à deux mains,* 1996, 160 pages.

6. Jacques Flamand, *L'étreinte de la pierre,* 1997, 170 pages.

7. Georgette Kambani, *Poèmes. Peintures. Symboles,* 1998, 152 pages.

8. Nicole V. Champeau, *Mémoire des villages engloutis,* 1999, 188 pages.

9. Jean-Louis Grosmaire, *Les petites mains. Enfants du Mexique,* 1999, 88 pages.

10. Michel Muir, *Mes mots,* 2000, 168 pages.

11. Fernand Ouellet et René Dionne, *Journal du père Dominique du Ranquet, s.j.,* 2000, 272 pages.

12. François-Xavier Simard et André La Rose, *Jean Despréz (1906-1965) Une femme de tête, de courage et de cœur,* 2001, 560 pages. Deuxième édition, 2002, 574 pages.

13. Claude Dolbec, *Sous le soleil de la vie,* 2002, 76 pages.

14. Nicole Balvay-Haillot. *Parce que c'était toi. Parce que c'était moi. Récit,* 2003, 120 pages.

15. Jacqueline L'Heureux Hart, *Yvette Debain. Femme imaginaire. Femme si peu ordinaire,* 2003, 112 pages.

**Lettres urgentes
au vingt et unième siècle**
est le deux cent cinquante-sixième titre
publié par les Éditions du Vermillon

Composition
en Bookman, corps onze sur quatorze
et mise en page
**Atelier graphique du Vermillon**
Ottawa (Ontario)
Films de couverture
Impression et reliure
**Impressions**
Embrun (Ontario)
Achevé d'imprimer
en mars deux mille trois
sur les presses de
l'imprimerie Impressions
pour les Éditions du Vermillon

ISBN 1-894547-45-4
Imprimé au Canada